가람 이병기 전집 19

고전주해 III

— 가루지기타령·기타 —

이 도서는 2024년 국립대학육성사업의 지원을 받아 수행되었음
이 도서는 2024년 익산시와 전라북도의 지원에 의해 간행되었음

가람 이병기 전집

⑲

고전주해 Ⅲ

가루지기타령 · 기타

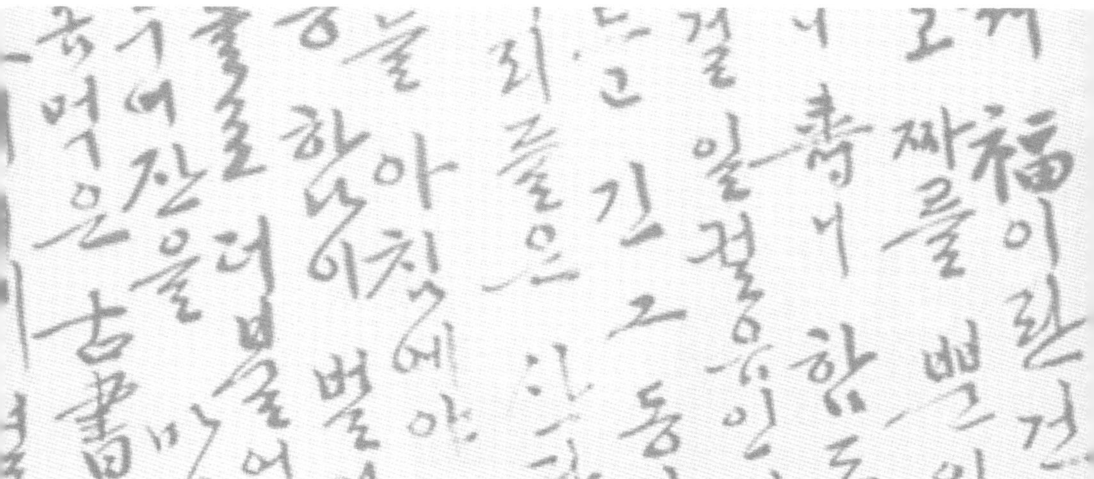

전북대학교출판문화원

고전주해 Ⅲ

가루지기타령·기타

목 차

주해서

민족문학총서民族文學叢書(3)

신오위장전집申五衛將全集 1

가루지기타령

이병기李秉岐 교주校註

『가루지기타령』(국제문화사, 1947.)
겉표지

『가루지기타령』(국제문화사, 1947.)
속표지

국제문화관판國際文化舘版

일러두기

1. 『가루지기타령』(국제문화사, 1947)은 원래 세로쓰기로 되어 있으나 여기에는 가로쓰기로 하였다.
2. 원 본문에는 '한글(한자)'로 병기되어 있고 서序와 해설解說 부분에는 한자어가 병기되어 있지 않지만, 여기서는 가독성을 높이기 위해 모두 '한글한자'로 통일해 병기하였다.
3. 원문의 표기를 최대한 그대로 살렸으나 띄어쓰기는 최대한 현대정서법에 맞게 하였다.

서序

신오위장申五衛將의 판소리 여섯 마당, 즉 춘향가春香歌 심청가沈淸歌 박타령 가루지기타령 토끼타령 적벽가赤壁歌 가운데 우선 이 가루지기타령을 간행刊行함에 당하여 더 덧붙여 말하려 함은 그가 우리 극가劇歌로 하여 우리 민족문학수립民族文學樹立을 창시創始하였다 함을 이 해설解說에도 말하였거니와 극가劇歌라 함은 내가 지난해 문리과대학文理科大學에서 『조선朝鮮의 극가劇歌』라 하여 종래從來 광대廣大의 판소리를 일컬은 것인바 과연 극가劇歌란 건 무엇인가?

극가劇歌의 특성特性으로서는 대개 세 가지가 있으니

(ㄱ) 그 내용內容이 극적劇的 요소要素가 많고
(ㄴ) 그 체제體制가 소설적小說的 보다는 희곡적戲曲的인 것이고
(ㄷ) 그 문체文體가 산문체散文體가 아니고 시가체詩歌體인 것이다.

우리가 광대廣大의 부르던 이런 노래책, 즉 춘향가春香歌 심청가沈淸歌 따위를 읽을 때 그것이 소설문투小說文套와는 다른 한 시가체詩歌體인 글임을 깨달으면서도 이내껏 그 명칭名稱만은 무엇이라고 하지를 못하였다. 우리 시가詩歌에는 잡가雜歌 향가鄕歌 시조時調 별곡別曲 가사歌詞 등의 여러 가지 체體가 있는바 이 극가체劇歌體야말로 또한 독특獨特하다. 이도

역시 잡가雜歌 즉 민요民謠에서 발생發生한 창唱을 위주爲主하여 된 것이다. 본래 우리 시가詩歌는 어느 것을 막론莫論하고 창唱을 목표目標로 아니한 것이 없었으나 이건 특히 그러하였다. 그러하여 시조時調나 가사歌詞에서는 적어도 이음二音 즉 이자二字 이상以上이라야 한 구조句調를 이루지만 이 극가劇歌에서는 다만 일음一音 즉 일자一字로도 한 구조句調가 되고 또는 팔음八音 즉 팔자八字라도 단숨에 이어 부르기도 한다.

일대장천一大長川 맑은 물을 배로 씩 씻어가고

신오위장申五衛將 박타령의 제비가 흥보의 구호救護를 받어 부러진 다리가 낫어 날기를 시험하는 한 구절句節인바 '일대장천一大長川 맑은 물을'과 같은 팔자八字, '씩'과 같은 일자一字의 구조句調가 있다. 이런 구조句調인 극가劇歌이라 광대廣大가 아닌 우리라도 이를 읽기만 하면 저절로 노래다운 구성 있는 목소리가 나온다.

극가劇歌는 반드시 다 판소리로 부르게 되었다. 판소리는 한 극적劇的으로 된 사연인 그 언어동작言語動作 모든 형태形態를 광대廣大가 다만 한 육성肉聲으로 표현表現함이다. 유산가遊山歌의 폭포광경瀑布光景이며 토끼타령의 토끼 화상畵像이며 춘향가春香歌의 어사출도御史出道와 같은 것을 광대廣大의 육성肉聲으로 여실如實히 형용形容하여 냄을 귀로 듣고서도 눈으로 보는 것 같이 여기게 된다. 이것이 연극演劇 또는 가극歌劇과도 다르다. 연극演劇 가극歌劇은 그 언어동작言語動作을 보고 듣고 하지만 이는 보는 것보다도 듣는 것이다.

그러나 신오위장申五衛將의 개작改作한 극가劇歌는 판소리로 부르기는 더러 뻑뻑할는지도 모른다. 그가 광대廣大를 가르칠 때 어떤 광대廣大가

백구사白鷗詞를 부르는데

백구白鷗야 훨훨 날지 말라

라는 노래의 첫머리를 몹시 높이 지르매 그가 듣고

나는 백구白鷗가 멈추기는커녕 자던 백구白鷗도 놀라 달아나것다

고 하였다. 이런 일화逸話와 같이 그는 종래從來의 되는 대로 불러오던 그 사설辭說들을 과연 그 사실事實에 맞게 고쳤다. 이것이 판소리로 보다도 한 문학작품文學作品으로 보는 편이 더하지 않은가 한다.

종래從來 우리나라에 여러 가지 희극戲劇이 있던 가운데 광대廣大의 판소리처럼 성행盛行한 것이 없었다. 그 내력來歷도 오래려니와 변천變遷과 발달發達도 많았다. 춘향가春香歌 박타령 토끼타령 할 것 없이 전하는 서민문학庶民文學으로는 거의 다 판소리로 부르던 것이었다. 이는 서정抒情과 서사敍事와를 겸하고 있는 한 극적劇的인 작품作品이었다. 이 작품作品들이 그냥 소설小說과도 다른 건 이미 말한 바와 같은 그 내용內容 체제體制 문체文體다. 누구나 이를 저으기 읽어 본 이로는 나의 이런 말을 거부拒否하지 못할 줄로 믿는다.

과연 극가劇歌는 판소리의 저본底本인 만큼 퍽 음악적音樂的이오, 극적劇的인 문학文學으로 사실寫實도 사실寫實이려니와 또는 퍽 해학적諧謔的이었다. 이런 중요성重要性을 잘 깨치고 그 현실現實에 가장 천재天才고 가장 노력努力을 한 이가 곧 이 신오위장申五衛將이고 그가 전하는 극가劇歌에도 이 가루지기타령이 우리 언어言語 토속土俗 풍정風精이 가장 풍부豊富하다.

이는 광대 중 풍각장이 초라니 사당 장돌림 말구종과 같은 아주 미천微賤하던 서민층庶民層을 취재取材한 것으로서 한중록恨中錄 인현왕후전仁顯王后傳과는 또 다른 맛을 맛볼 수 있다.

그리고 이를 더 연구研究하고자 하며 신오위장申五衛將의 개작改作 이전의 그 원본原本이 또 어디 나와 어서 간행刊行되기를 바란다.

4282四二八二. 4四. 17一七　이 병 기

목차

여섯마당의 기일其一

신재효申在孝 찬撰

이병기李秉岐 교주校註

중년中年에 맹랑孟浪한 일이 잇던 것이였다.

평안도平安道 월경촌月景村에 계집 한 나이 잇스되 얼골로 볼작시면 춘이월春二月 반개도화半開桃花 옥빈玉鬢에 어리엿고 초생의 지난 달빛 아미간蛾眉間에 비치엿다. 앵도순櫻桃脣 고은 입은 빛난 당채唐彩 주홍필로 떡 디립더 꾹 찍은 듯 세류細柳같이 가는 허리 봄바람에 흐늘흐늘 찡그리며 웃난 것과 말하며 걷는 태도 서시西施[1]와 포사褒似[2]라도 따를 수가 없것마는 사주四柱의 청상살이[3] 겹겹히 쌓인 고로 상부喪夫를 하여도 징글징글하고 찌긋찌긋하게 단콩 주어먹듯하것다.

열다섯에 얻은 서방 첫날밤 잠자리의 급상한急傷寒에 죽고 열여섯에 얻은 서방 당창병唐瘡病에 튀고 열일곱에 얻은 서방 용천병[4]에 페고 열여덜에 얻은 서방 베락맞어 식고 열아홉에 얻은 서방 천하대적天下大賊으로 포청捕廳[5]으로 떠러지고 수무살에 얻은 서방 비상 먹고 돌아가니 서방이 퇴가 나고 송장 치기 신물 난다. 이삼 년씩 걸어가며 상부를 할지라도 소문이 흉악할듸 한해에 하나씩을 전례[6]로 처치하되 이것은 남이 아는 지동서방[7] 그나문 간부 애부 거더모리[8] 새흘욱기[9] 입 한번 마춘 놈 젖 한번 쥐인 놈 눈 흘레한 놈 손 만저본 놈 심지여 치마귀에 상척자락[10] 얼른 한 놈까지 대고 결단내는데 한 달의 뭇을 넝겨 일 년의 동반 한 동 일곱 뭇 윤삭閏朔 든 해면 두 동 뭇수 대고 설그질 제 어떻게 씰엇던지 삼십 리 안팟긔 상투 올린 사나히는 고사하고 열다섯 넘은 총각도 없서 계집이 밧을 갈고 처녀가 집을 이니 황평양도黃平兩道 공논公論하되 이 년을 두엇다는 우리 두 도내의 ×단 놈 다시 없고 여인국女人國이 될 터이니 쫓일 밖에 수가 없다. 양도가 합세合勢하여 훼가毁家하며 쫓아내니 이 년이 하릴없어 쫓기여 나올 적에 파랑 보짐 옆에 끼고 동백기름 많이 발러 낭자를 곱게 하고 산호 비녀 질러시며 초록 장옷 엇메이고 행똥행똥 나오면서 저 혼자 악을 씬다—어허 인심 흉악하다. 황평양서黃平兩西 아니면은 살 듸가 없것느냐 삼남三南×은 더 좋다두고.

노정긔路程記로 나올 적에 중화中和 지나 황주黃州 지나 동설령 얼풋 넘어 봉산鳳山 서흥瑞興 평산平山 지내여 금천金川 떡전거리 닭의 우물 청석관靑石關[11]을 허위허위 당도當到하니 이때에 변강쇠라 하난 놈이 천하의 잡놈으로 삼남三南서 비러먹다 양서兩西[12]로 가노라고 연놈이 오다가다 청석골 좁은 길에 두리 딱 만낫거든 간악한 계집년이 할긋 보고 지내가니 의뭉한 강쇠놈이 다정히 말을 물어 『여보 저 마누라 어데로 가시오』 숫계집 같거드면 핀잔을 하던지 못 들은 체 가련마는 이 자지간나희[13]가 훌림목 곱게 써서 『삼남으로 가오』 강쇠가 연이 물어 『혼자 가시오』 『혼자 가오』 『고흔 얼골 졂은 나희 혼자 가기 무섭것소』 『내 팔자 무상하여 상부하고 자식 없어 나고 함긔 갈 사람은 그림자뿐이지요』 『어허 불상하오 당신은 과부시오 나는 홀아비니 두리 살면 어떠하오』 『내가 상부 지질하여 다시 낭군 얻자 하면 궁합宮合 몬저 볼 터이요』『불취동성不娶同姓이라니 마노래 성씨가 누구시오』『옹雍가요』『에 나는 변서방이내 궁합을 잘 보기로 삼남에 유명하니 마노라 무신 생이요』『갑자甲子생이요』『예 나는 임술壬戌생이요 천간天干으로 보거드면 갑甲은 양목陽木이요 임壬은 양수陽水이니 수생목水生木이 좋고 납음納音[14]으로 의로 하면 임술계해 대해수壬戌癸亥大海水 갑자을축 해중금甲子乙丑海中金 금생수金生水가 더 좋으니 아조 천생배필天生配匹이요 오날 마침 긔유일己酉日 음양부장陰陽部將 짝베짜니 당일행례當日行禮하옵시다.』

계집이 허락 후에 청석관을 처가로 알고 두리 손질 마조 잡고 바우우에 올나가서 대사大事를 지내는듸 신랑 신부 두 연놈이 이력이 찬 것이라 이런 야단이 없구나 멀금한 대낮에 연놈이 훨석 벗고 매산이 뽄작난 천생양골天生陽骨 강쇠 놈이 여××각 번 듯 들고 옥문관玉門關을 들여다보며 이상이도 생겻다. 맹낭이도 생겻다. 늙은 중의 입일넌지 ×은 돋고 이는 없다. 소나기를 맞앗던지 어덕지게 파이엿다. 콩밭 팟밭 지내던지 돔부꽃이 비추엿다. 도끼날을 맞앗던지 금바루게 터저잇다. 생수처 온답인지 물이 항상 고여잇다. 무슨 일을 하랴관듸 ×질음× 하고 잇노 철리행룡 나려오다 주먹바위 신통하다. 만경창파 조갤던지 셔를 삐줌 빼여시며 임실任實 곡감 먹엇든지 곡감 씨가 장물이요 만첩산중 을음인지 제라 절로 벌어젓다. 연게탕을 먹엇던지 닭의 벼살 비취엿다. 파명당을 하엿던지 더운 짐이 그저 난다. 제 무엇이 질거워서 반튼 웃어 두엇구나 고깜있고 을음있고 조게 있고 연게 있고 제사상은 걱정 없다. 저년이 반소半笑하며 가품을 하노라고 강쇠 기물 가르치며 이상이도 생겼네 맹낭이도 생겻네 전배사령前陪使令 서라는지 쌍걸낭을 늦게 차고 오군문五軍門[15] 군노軍奴런가 복떠기를 붉게 씨고 낸물가의 물방안지 떨구덩떨구덩 끄덕인다. 송아지 말뚝인지 철곳비를 둘럿구나 감기를 얻어든지 밝은 코는 무삼일고 성정性情도 혹독하다 홰곳 나면 눈물 난다. 어린아히 병일난지 젖은 어찌 거여시며 제사에 쓴 수어지 꼬장이 궁기 그저 있다. 뒤 절 큰방 노승인지 민대가리 동굴인다. 소년 인사 배왓다 꼬박꼬박 절을 하네 고초 찧던 절 굿댄지 검붉기는 무삼 일고 칠팔 월 알밤인지 두 쪽 한테 붙어 있다 물방아 절구대며 쇠고삐 걸날 등물 세간사리 걱정 읍네

강쇠 놈이 대소하며 두리 다 비거시니 이번은 등에 업고 사랑가로 노라보세 저 여인 대답하되 『천생어지天生於地라니 낭군 먼저 어부시오』 강쇠가 여인 업고 가끔가끔 돌아보며 사랑가로 어룬다 사랑 사랑 사랑이야 유왕幽王 나자 포사褒姒 나고 걸주桀紂 나매 매히달기末姬妲己 나고 오왕부차吳王夫差 나매 월 서시越西施 나고 명황明皇 나매 귀비貴妃 나고 여포呂布[16] 나매 초선招蟬 나고 호색남자 내가 나매 절대가인 네 낫구나 네 무엇을 가지야나냐 조거전후 십이승 야광주夜光珠를 가저볼가 십오성十五城 바꾸랴던 화씨벽和氏璧을 가저볼가 천지신지天知神知 아지자지我知子知 생금덩이 가저볼가 부도제산 둑은옹 은항아리 가저볼가 배금문 입자달의 상평통보常平通寶 가저볼가 밀화불수密花佛手 산호비녀 금패지환金佩指環 가저볼가 네 무설 먹고 싶어 둥글둥글 수박 웃봉지 떼덜이고 강능백청江陵白淸 딸을 부어 은간저로 휘휘 둘러 씰랑은 똑 다 발라 바리고 붉은 자위만 덤벅 떠어 나 조곰 먹으랴나냐 시금털털 개살구 아긔서는디 더 먹으랴나냐 쭉 빨고 탁 밭으면 겁질 꼭지 것넌 바람벽에 축척축 부드치는 반시수시盤柿水柿 먹으랴나냐 어주축수애산춘漁舟逐水愛山春 무릉도화武陵逃花 복수화주 유월 중순 이진과 외가지 당차뮈 먹으랴나냐 하참을 어루더니 여인을 썩 나려 노으며 강쇠가 문자하여 여필종부女必從夫라니 자네도 날 좀 업소 여인이 강쇠 업고 실금실금 까불면서 사랑가를 하는구나 사랑

사랑 사랑이야 태산같이 높은 사랑 하해河海같이 깊운 사랑 남창북창南倉北倉 노적露積같이 다물다물 쌓인 사랑 은하직여銀河織女 직금같이 올올이 매친 사랑 모란화牧丹花 숭이같이 평퍼저 바린 사랑 세곡선 닻줄같이 타래타래 꼬인 사랑 내가 만일 없어드면 풍유남자風流男子 우리 낭군 황凰 없는 봉鳳이 되고 임을 만일 못 보면 군자호구君子好逑 이내 신세 원鴛 잃은 앙鴦이로다. 지러기가 물을 보고 꽃이 나부 맛나시니 웅비종자雄飛從雌 료임간 좋을시고 좋을시고 동방화촉洞房華燭 무엇하게 백일행낙白日亨樂 더욱 좋이 황금옥黃金屋 내사 시의 청석관青石關이 신방新房이네.

주기1註其一 ——

1. 서시=중국中國 춘추春秋 때 월越나라 저라촌서苧蘿村西의 나무 팔던 자색姿色이 있는 여자女子인데 월왕구천越王句踐이 회계會稽에 패敗하매 범려范蠡가 서시西施를 오왕吳王 부차夫差에게 바치고 오吳가 망亡하매 서시西施가 다시 범려范蠡에게 돌아와 오호五湖에 종유從遊했다 하는 절세絶世의 미인美人.
2. 포사=중국고대中國古代 주유왕周幽王의 총비寵妃.
3. 청상살=과부 될 신수.
4. 용천병=문둥이병. 나병癩病.
5. 포청=포도청捕盜廳의 약어略語. 도적 기타 범죄인盜賊其他犯罪人을 포박捕縛코자 사간순회死間巡廻를 맡아보는 관아官衙.
6. 전례=전례前例. 과거過去의 사례事例.
7. 지동서방=기둥서방. 기생妓生 기타其他 노는 계집의 그중 주장되는 서방.
8. 거드모리=교합交合을 얼른 하는 놈 후릿방으로 하는 놈.
9. 세흘욱기름을타=교합交合을 답게 못하는 놈.
10. 상척자락=사령배使令輩가 입는 세 자락인 덧옷 자락.
11. 청석관=청석동青石洞이라기도 함. 개성서북開城西北에 있는 십여리十餘里 되는 골짜기. 좌우左右로는 염벽艳壁이고 가운데로는 시냇물이 흐른다.
12. 양서=황해도黃海道 평안도平安道를 이름. 황평양서黃平兩西.

13. 자지간나희=노련한 노는 계집.

14. 납음=육십갑자六十甲子로 오음五音을 분배分配하여 일율一律을 오음五音에 납納하고 십이율十二律을 육십음六十音에 납納한 것. 납음納音.

15. 오군문=오군문五軍門 즉 훈련도감訓鍊都監, 금위영禁衛營, 어영청御營廳, 수어영守禦營, 총융청摠戎廳의 총칭總稱.

16. 여포=여포呂布, 중국中國 동한東漢 때 사람인데 동탁董卓이와 부자父子의 의義를 맺고 동탁董卓의 폭당暴唐함을 보고 죽이고 마침내 조조曹操에게 소살燒殺을 당한 바 초선貂蟬은 여포呂布의 총첩寵妾이라 함.

연놈 작란 이러할 제 자미 있난 그 노르시 한두 번만 돌 수 있나 재행再行턱 삼행三行턱을 당일에 다 한 후에 살음사리 살 걱정 두리 앉어 의논한다. 우리 안팟 외입장이 벽항궁촌僻巷窮村 살 수 없어 도방사리[1] 하여 보세 내 소견도 그러하오.

연놈이 손목 잡고 도방각처 다닐 적에 일원산一元山 이강경二江景 삼포주三浦洲[2] 사법성四法聖이 곳곳지 차저 당겨 계집 연은 애를 써서 들병장사 막장사며 낫부림 넉장질에 돈양돈관 모와 노면 강쇠 놈 허망하여 대양나기 방 때리기 두양패의 가고하기 갑자꼬리 여시하기 미골치패 퇴기질 호흥호백 쌍육雙六치기 장군멍군 장기將棋두기 맞쳐먹기 돈치기와 블터먹기 주먹질 컬깨떠기 윷놀기와 한집두집 고늬두기 의복전당衣服典當 술먹기와 남의 싸홈 가로막기 그중에 무슨 비유 강새암 계집치기 밤낮으로 싸홈이니 암만해도 할 수 없다.

하루는 여인이 강쇠를 달래여 집의 성기性氣[3] 가지고서 도방사리 하다가는 돈모우기 고사하고 남의 손에 죽을 터니 심산궁곡深山窮谷 찾어가서 사람 하나 없는 곳에 산전山田이나 파서 먹고 시초柴草나 부어 때면 노름도 못할 터요 강짜도 아할 터니 산중으로 들어 갑세 강쇠 대답하되 그 말이 장이 조희 십 년을 곳 굶어도 나무 계집 바라보며 눈웃음 하는 놈만 다시 아니 보거드면 내일 죽어 한이 없네 산중을 의논한다. 동금강東金剛 석산石山이라 나무 없어 갈 수 없고 북향산北香山 찬 곳이라 눈 쌓이여 살 수 없고 서구월西九月 좋다 하나 적굴賊窟이라 살 수 있나 남지리南智異 토후土厚하여 생리生利가 좋다 하니 그리로 찾어 가세.

여간가산如干家産 질머지고 지긔산중 찾어가니 첩첩한 짚은 골에 빈집 한 채 서있으되 임진왜란壬辰倭亂 팔년간괘八年干戈 어떤 부자 피란하자 이 집을 지엇던지 오간팔작[4] 지야집이 다시 사람 산 일 없고 흉가凶家로 비여서서 누백년累百年 도깨비 동청이요 멧귀야신의 사당이라 거츤 뜰에 있는 것이 니삭과 여의 발자최요 짚운 뒤안 우는 소래 부엉이 옷 밤이라 강쇠놈이 집을 보고 대희하야 하는 말이 『수사도繡使道는 간듸마닥 선화당宣化堂이라 하더니 내 팔자도 방사하다 적막한 이 산중에 나올 줄 뉘가 알고 이리 좋은 지 집을 지여놓고 기다렷노』 부엌에 토정土鼎 걸고 방 쓸어 공석空席 페고 낙엽을 그러다가 저녁밥 지여먹고 터눌의기 삼삼구를 밤새도록 한 연후에 강쇠의 평생행세平生行世 일하여 본 놈이냐 낮이면 잠만 자고 밤이면 배만 타니 여인이 할 수 없어 애근이 정설한다 『여보 낭군 들으시오 천생만민天生萬民 필수기직必受其職 사람마당 직업 있어 앙사부모仰事父母 하육처자下育妻子 넉넉히 한다난듸 낭군 신세 생각하니 어려서 못 배혼 글 즉금 공부할 수 없고 손재조 없엇으니 장인匠人질 할 수 없고 미천 한 픈 없어시니 장사질 할 수 있나 그중에 할 노릇이 상일밖에 없어시니 이 산중 사자 하면 산전을 많이 파서 두태서숙 담배 갈고 갈키나무 비나무며 물거리 장작패기 나무를 많이 하여 집에도 때려니와 지고가 파라시면 부모 없고 자식 없고 단부처單夫妻 우리 두리 생계가 넉넉할듸 건장한 저 신체에 밤낮 하는 것이 잠자기와 그 노릇뿐 굶어

죽기 고사하고 우선 이러 죽을 터니 오날부텀 지게 지고 나무나 하야옵소』 강쇠가 시게 웃어 『어허 허망하다 호달마胡達馬가 요절하면 왕심이往十里 거름 실고 기생이 그릇되면 질가에 탁주 장사 나무 말로 들엇더니 날 같은 오입쟁이 나무 지게 지단 말은 불가사문어타인不可使聞於他人이라 자네 말이 그러하니 갈밖에 수가 있나』

강쇠가 나무하러 나가난듸 복건幞巾 쓰고 도포道袍 입엇단 말은 거짓말 제 집에 근본 없고 동내에 빌 듸 있나 포구근방浦口近方 시평市坪판에 한참 덤벙이든 복색으로 모자 받어 통영갓에 망근은 속구왓고 한산반저韓山半苧 소창의小氅衣며 곤때 묻은 삼승보선 남원포단 다님 매고 용감기 새매토리 맵시 있게 들맨 후 낫과 도치 들게 갈아 점심 구럭 함께 묶어 지게 우헤 모도언저 한 어깨에 드러메고 진담배대 부쳐 물고 나무꾼 모운 곳을 완보행가緩步行歌 찾어갈 제 그리하여도 화방퇴물이라 쏨쏨이 목구성이 초군보다 조곰 달라 태고太古라 천황씨天皇氏가 목덕木德으로 즉위卽位하니 오행중五行中에 몬저 난 게 나무 덕이 웃듬이라 천지인天地人 삼황시절三皇時節 각各 일만一萬 팔천세八千歲를 무위이화無爲而化 지내시니 그때에나 나시면 오즉이 편컨난가

유완유소 성인 인군 덕화도 장할시고 구목위소構木爲巢 식목실食木實이 그 아니 조커난가 수인시燧人氏 무삼 일로 시찬수교인화식始鑽燧敎人火食 일이 점점 생겻구나 일출이작日出而作 요순백성堯舜百姓 어찌 편타 할 수 있나 하은주夏殷周 서양도고 한당송漢唐宋 풍우 일어 가지록 일이 생겨 불상한 게 백성이라 일년사절一年四節 놀 때 없이 손톱 발톱 자자지게 밤낫이로 버을어도 불승기한不勝飢寒 불상하다 내 평생 먹은 마음 남보다는 다르구나 좋은 의복 가진 패물 호사를 질근하고 엡분 계집 좋은 주효酒肴 잡기雜伎로 벗을 삼아 세월 가는 줄을 모르고 사재드니 층암절벽 저 높운

듸 다리 아파 어찌 가서 웍새폭 가시넌츨 손이 아파 어찌 뷔며 너무 묶어 완짐 되면 어깨 아파 어찌 지고 산고곡심山高谷深 무인처에 심심하여 어찌 올고 신세 자탄 노래하며 정처 없시 가노라니

이때에 동구마친 백모촌에 여러 초군草軍 아히들이 나무하러 모와 와서 지게목발 두다리며 방아타령 산타령에 농부가 목동가로 작난을 하는구나

한 놈은 방아타령을 하는듸

메에 올나 산전방아 들에 너러 물방아 여주 이천의 밀다리방아 진천통천 오려방아 남창북창 화약방아 각댁하님 용정방아 이 방아 저 방아 다 버리고 칠야삼경 깊운 밤에 우리 님은 ×죽방아만 찧는다 오듸오듸 방아 찧는 동무들아 방아 처음 내든 사람 알고 찧나 모르고 찧나 경신년庚申年 경신월 경신일 경신시 강태공姜太公의 조작방아 사시장춘 걸어 두고 떨구덩 지여라 떨구덩 지여라 전세대동田稅大同이 다 늦어간다.

한 놈은 산타령을 하는듸 동東 개골皆骨 서西 구월九月 남南 지리智異 북北 향산香山 육로 천리 수로 천리 이천리 들어가니 탐라국耽羅國이 생겨나고 한라산漢拏山이 둘러있다. 정읍井邑 내장內藏 장성長城 입암笠岩 고창高敞 반등半登 고부古阜 두승斗升 서해西海 수구水口 막어랴고 부안扶安 변산邊山 둘러있다.

한 놈은 농부가를 하는 듸 선이건곤仙李乾坤 태평시절太平時節 도덕 높은 우리 성상 강구미복康衢微服 동요童謠 듣는 용인군의 버금이라 네 다리 빼여라 내 다리 박자 좌우춘광左右春光 어류수御柳垂 이 여보소 동무들아 앞남산에 쏘나기 졋다. 삿갓씨고 되롱이 입자 한 놈은 목동가牧童歌를 하는듸 갈키 메고 낫가라 가지고 지리산으로 나무하러 가자 얼렬. 쌓인 낙엽 불어진 잡목 글고 주어 엄뚱여지고 석양산로夕陽山路 나려올 제 손님 보고

절을 하니 품안에 있는 산과山果 떽때그를 다떨어진다 얼럴. 비맞고 가는 한 손님 술집이 어듸 있노 저 건너 행화촌杏花村을 손을 들어 가르치자 얼럴. 뿔곱은 소를 타고 단적短笛을 불고 가니 유황숙劉皇叔[5]이 보와시면 나를 오족 불어하리 얼럴.

강쇠가 다들은 후 제 신체를 제보와도 어린 것들 한 가지로 갈코 나무 할 수 있나 도끼 빼어 들어 메고 이 봉 저 봉 다니면서 그중 큰 나무만 한두 번식 찍은 후에 나무 내력 말을 하며 제 가지를 꾸짖난다. 오동나무 베자 하니 요인군堯人君의 오현금五絃琴 살고나무 베자 하니 공부자孔夫子의 강단 솔나무 좋다마는 진시황秦始皇의 오태부五太夫 잣나무 좋타마는 한고조漢高祖 덮운 그늘 어주축수漁舟逐水 애산춘愛山春 홍도나무 사랑읍고 위성조우읍경진渭城朝雨浥輕塵 버들나무 좋을시고 밤나무 신주神主가음 전나무 돛대재목 가사목 단단하나 각영문各營門 곤장가음 참나무 곳곳하나 배짓난듸 못가음 쫑나무 오시목과 산유자 용목 건팽 목물방 긴한 문목紋木 화목火木되기 아깝도다. 이리저리 생각하니 버흘나무 전이 없다. 산중에 동천맥 우물물 좋은 곳에 점심 구럭 풀어놓고 단단이 먹은 후에 부쇠를 얼른 처서 담배 푸여 입에 물고 솔 그늘 잔디밭에 돌배고 누으면서 당음唐音[6]한귀 을퍼 보와 우래송슈하雨來松樹下에 고침석두면高枕石頭眠이 날로 두고 할 말이라 잠자리 장이 좋다. 말하며 고난 코가 산중이 들석들석 한 소금 질근 자다 낮바닥이 선듯선듯 비식이 눈 떠보니 하날에 별이 총총 이슬이 젖난구나 게을이 일어나서 지지게 뿔근 켜 뒤곡지 두다리며 혼자말로 두런거려 요새 해가 그리 잘라 빈지게 지고 가면 계집연이 방정떨듸 사면을 둘러보니 둥구마천 가난 길에 어떠한 장승하나 산상에서 있거늘 강쇠가 반겨 벌목정정伐木丁丁 애 아니 쓰고 좋은 나무 거긔 있다. 일모도궁日暮道窮 이내사세事勢 불노이득不勞而得 좋을시고 지게를 찾아지고 장승선듸 급히 가니 장승이 홰를 내여 낯의 피기 올리고서 눈을 딱 부릅뜨니 강쇠가 호명하며 네 이놈 뉘 앞에서 색기하여 눈 방울 부릅뜨니 삼남三南 설축 변강쇠를 이름도 못 들은다. 과거 마전 파시평과 사당노름 스름판에 이내 솜씨 사람칠 제 선취복장先取腹臟 후취덜미 개래 따죽 열두 권법 법강[7] 장달 허제라도 다 둑안에 떠러지니 수족 없는 너만 놈이 생심이나 바윌소냐 달려들어 불끈 안고 엇두름 쑥 빼내여 지게 우에 질머지고 유데군 소래하며 제 집으로 돌아와서 문안에 드러서며 호기를 장이 긘다. 집안사람 거긔 있나 장작나무 하여 왓네 뜰 가온대 턱 부리고 방문 열고 들어가니 강쇠 계집 반겨라고 급히 나서 손목 잡고 어깨를 주무루며 어찌 그리 저무럿나 평생 처음 나무가서 오족 애를 섯것는가 시장한듸 밥 자십쇼.

방 안에 불 써놓고 밥상 차려 드린 후에 장작 나무 귀경차로 불 써늘고 나와 보니 어떠한 큰 사람이 뜰 가온대 누어시되 조관朝官을 지내난지 사모품대紗帽品帶 가초우고 방울눈 주먹코에 채수염이 점잔하다. 여인이 깜작 놀나 두로 팍 주잔지며 『애거 이것 웬일인가 나무 하라 간다더니 장승 빼여왓네그려 낢이 암만 귀타하되 장승 빼여 땐단 말은 언문책잔주에도 듣도 보도 못한말 만일 패여 때여시면 목신동동木神動疼 조왕竈王 동정 목숨 보전 못할 터니 어서 급히 지고 가서 전 자리에 도로 세고 왼발 굴러 진언치고 다름질로 도라옵소.』 강쇠가 호령하여 『가사家事는 임장任長이라 가장이 하는 일을 보기만 할 것이지 저 계집이 요망하여 그것이 웬 소랜고 진충신晋忠臣 개자추介子推[8]는 면산綿山에 타서 죽고 한장군漢將軍 기신紀信[9]이는 형양滎陽에 타서 죽어 참사람이 타 죽어도 아모 탈이 없엇는듸 나무 깎은 장승 인형을 가져신들 패여 때여 관게 한가 인불언귀불지人不言鬼不知니 요망한 말 다시 말라.』

밥상을 물린 후에 도끼 들고 달려들어 장승을 콱콱 패여 군불을 많이 넣고 유정부처 훨석 벗고 사랑가 농창 치며 개폐문開閉門 절례판을 마지게 하여구나.

주기2註其二

1. 도방=부회호部會虎.
2. 푸주=개주. 충남서천忠南瑞川에 있고, 법성은 전남영광全南靈光에 있다.
3. 성기=성품性品과 기질氣質
4. 팔작=부연婦椽을 단 추녀가 넷이 있는 기와집.
5. 유황숙=유황숙劉皇叔은 중국촉한中國蜀漢 유비劉備를 이름. 서남장西南鱆에서 수산收産의 적笛소리를 듣고 탄식嘆息하였다.
6. 당음=중국명시中國名詩의 선집選集.
7. 범강=범강范强. 장달=張達. 허제=許褚-이들은 다 중국삼국中國三國 때 사람으로 절인絶人한 용력勇力이 있다.
8. 개자추=개자추介子推. 중국춘추中國春秋 때 사람으로 진문공晉文公이 망명亡命할 때 십구년十九年 동안을 따라다니다 진문공晉文公이 돌아와 그 종신從臣을 다 상賞주되 개자추介子推에게 주지 않았다. 개자추介子推는 그 어머니를 뫼시고 면산綿山에 숨었다. 진공晉公이 불러도 나오지 않으므로 그 산山을 불질렀다. 개자추介子推는 타 죽고 말았다.
9. 긔신=기신紀信. 중국한고조中國漢高祖가 형양滎陽에서 항우項羽에게 포위包圍되어 퍽 박급迫急한바 기신紀信이가 고조高祖모양 하고 고조高祖를 도망逃亡케 하고 나가 항복降服타가 항우項羽에게 소살燒殺당하였다.

이때에 장승목신長承木神 무죄無罪히 강쇠 만나 도끼 아래 쪼각나고 부엌 속에 찬재되니 오족히 원통컷나 의지할 곳이 없어 중천에 떠서 울며 나 혼자 단녀서는 이놈 원수 못 갑것다. 대방전에 차저 가서 이 원정 하오리라.

노돌선창목[1]에 대방장승 찾아가서 문안을 한 연후에 원정을 아뢰기를 소장은 경상도 함양군咸陽郡에 산로 지킨 장승으로 신지처리 한 일 없고 평민침학 한 일 없어 불피풍우不避風雨 하고 각수본직各守本職 하옵더니 변강쇠라 하난 놈이 일국의 난봉으로 산중에 주접住接하야 무죄한 소장 의게 공연히 달려들어 무수후욕 한 연후에 빼여지고 제 집가니 제 계집 이 깜작 놀라 도로 갖다 세라하되 이놈이 아니 듣고 도끼로 쾅쾅 패여 제 부억에 화장하니 이놈 그저 두어서는 삼동三冬 장작 가음 근처동관近處同官 다 패 때고 순망치한脣亡齒寒 나문회가 안 미칠 데 없을 터니 십분통촉十分洞燭 하옵서서. 소장에 설원하고 후환 막게 하옵소서.

대방이 대경하야 이변이 큰 변이라 경홀작처輕忽作處 못 할 터니 사그 내 공원님과 지지대遲遲臺 유사님께 내 전갈 여쭙기를 요새 적조하여시니 문아일향 하옵신지 경상도 함양동관 백활원정白活冤情 듣사온즉 천만고千萬古 없던 변이 오늘 생겨시니 수고타 마옵시고 잠간 왕림하옵서서 동의同意작처 하옵시다 전갈하고 모셔오라 장승 혼령 급히 가서 두관듸 전갈 하니 공원유사 급히 와서 의례 인사 한 연후에 함양 장승 백활내력 대방 이 반논하니 공원유사 여짜오되 우리 장승 생긴 후로 처음난 변괴오니 삼소임만 모와 앉어 종용작처 못할지라 팔로八路 동관 다 청하여 공논처치 하옵시다. 대방님 좋다 하고 입으로 붓을 물고 통문 넉 장 써서 내니 통문에 하여시되 우통유사右通喩事는 톡긔가 죽으면은 여의가 슬퍼하고 지초芝草에 불이 타면 난초蘭草가 탄식기난 유뉴상종 환탁상구 떳떳한 이치로다. 지리산 중 변강쇠가 함양동관 빼여 다가 작파作破화장 하여시니 만사유경萬死猶輕 이놈 죄상 경을 작처 할 수 없어 각도 동관전에 일체로 발통發通하니 금월 초삼일 삼경량三更量에 노돌 선창으로 일제취회一齊聚會하여 함양동관 조상하고 변강쇠 놈 죽일 때를 각출의견各出意見 하옵소서 연월일年月日 말에 대방공원유사 버려 쓰고 착명하고 차여에 영문각읍진장목장 각면각촌 점막사찰차 차비전 차의라.

통문 한 장은 사그내공원이 맡어 경기삼십사관京畿三十四官 충청도 오십사관 차차로 전케 하고 한 장은 지지대 유사가 맡어 전라도 오십육관 경상도 칠십일관 차차로 전케 하고 한 장은 고양홍제원高揚弘濟院 동관이 맡어 황해도 이십삼관 평안도 사십이관 차차로 전케 하고 한 장은 양쥬다락원楊州樓院 동관이 맡아 강원도 이십육관 함경도 이십사관 차차로 전케 하라.

귀신의 조화여든 오즉이 빠르것나 바람같고 구름같이 경각에 다 전하니 조선 있난 장승하나토 낙루落漏없이 기약한 밤 다 모우어 쇄남터의 배게 서서 시흥 읍내까지 빽빽하구나 장승의 절하는 법이 고개만 숙일수도 없고 허리 굽힐 수도 없고 사담으로 의논하면 발 앞부리를 듸듸고 뒤축만 달삭하는 뿐이엇다. 일제히 절을 하고 문안을 한 연후에 대방이 발론發論하여 통문사의通文事意 보와시면 모든 뜻을 알 터이니 변강쇠 지은 죄를 어떻게 다사릴고 단천마천 영상봉에 섯는 장승 출반하여 여짜오되 그놈의 식구대로 쇄남터로 잡아다가 소수梟首[2]를 하옵시다. 대방이 대답하되 귀신의 정기라도 로풍을 따라가니 마천동관 하는 말삼 상쾌하거니와 사단하나 있는 것이 이놈의 식구란게 계집 하나 뿐이로되 계집은 말려시니 죄를 아니 줄 터이요 강쇠라 하난 놈도 부지불각不知不覺 소수하면 세상이 알 수 없어 징일여백懲一勵百 못될 터니 여러 동관님네 다시 생각하옵소서.

압록강가 섯는 장승 나서며 여짜오되 출호이자出乎爾者가 반호이反乎爾가 성인의 말삼이니 식구대로 그놈 집을 에워싸고 불을 버썩 지른 후에 못 나오게 하여시면 그놈도 동관같이 화장이 되오리라. 대방이 대답하되

숭령凶獰한 그런 놈을 부지불각 불을 지르면 제 죄를 제 모르고 도깜이 작란인가 명화적明火賊[3]의 날리련가 의심할 터이니 다시 생각하여보오.

해남 관머리 장승이 여짜오되 대방님 하는 분부 절절이 마땅하오 그러한 흉한 놈을 습사리 주겨서는 설치가 못될 터니 고상을 실컷 시켜 죽자 하되 썩 못 죽고 사자하되 살 수 없어 칠칠이 사십구 한 달 열아흐레 밤낮이로 복개다가 험사악사하게 되면 장승 화장 한 죈 줄을 저도 알고 남도 알아 괘이 징계懲戒될 터이니 우리 식구대로 병 하나씩 가지고서 강쇠를 찾어 가서 신문囟門[4]에서 발톱가지 오장육부五臟六腑 내외 없이 새집에 앙토한 듯 지소방紙所房에 부벽한 듯 각장장판 기름결듯 왜관목물 칠살같이 접접이 발라시면 그 수가 졸듯하오 대방이 대희하야 해남동관 하는 말삼 불번불요 장이좋소. 그대로 시행하되 조고만한 강쇠 몸에 저리 많안 식구들이 정처 없이 달려들면 많은 듸난 촉이 들고 빠진 듸난 틈날게니 머리에서 두 팔까지 전라 경상 차지하고 겨드랑서 볼기까지 황해 평안 차지하고 항문에서 두 발까지 강원 함경 차지하고 오장육부 내복일랑 경기 충성 차지하며 팔만사천 털구녁 한 구녁도 빈틈없이 단단이 잘 발려라.

팔도장승 청령聽令하고 산영 나온 벌떼같이 병 하나식 등에 지고 함양 장승 앞을 서서 강쇠에게 달려들어 각기 장내 맏은 대로 병 도배를 한 연후에 안개같이 흩어진다.

이적에 강쇠 놈은 장승 패여 덥게 때고 그날 밤을 자고 깨니 아무 탈이 없어구나 제 계집 두 다리를 양편으로 딱 버리고 오목한 그 ××을 지웃이 굽어보며 밖은 검고 안은 붉고 정녕 부억이쇠 빠금빠금 하는 것은 조왕동증竈王動症 정녕낫제 제 기물을 보이면서 불근불근 하는 수가 목신동증木神動症 정녕낫제 가난한 살임사리 굿하고 경일 것나 목신하고 조왕하고 사화를 부쳐보세 아적 밥 끈이어 어서 한판을 질끈하고 장담을 실컷 하여 한 이틀 슈인 후에 이 근방 있난 장승 차차 빼어와시면은 봄 지내기는 나무 걱정 할 수 없제.

그날 저녁 일과하고 한참 곤케 자노라니 천만의외 왼 집안에 장승이 장을 서서 몸 한번식 건드리고 말이 없이 나가거늘 강쇠가 깜작 놀라 말 한번 안 나오고 눈뜨자니 꽉 붙어서 만신滿身을 결박하고 각색으로 쑤시는듸 제 소견도 살 수 없어 날이 점점 밝아 가매 강쇠 계집 잠을 깨니 강쇠의 된 형용이 정녕한 송장인듸 신음하며 앓난 소래 숨은 아니 끊져구나 깜작 놀라 옷을 입고 미음을 급히 고와 소곰 타서 떠 넣으며 왼몸을 만져보니 이를 꽉 앙등 물어 미음 들어갈 수 없고 낭자浪藉한 부으럼이 어느새 농창하여 피고름 독한 내가 코두를 수가 없다. 병 일홈을 짓자하니 만 가지가 넘것구나 풍두통風頭痛 편두통偏頭痛 담결통痰結痛 겸하고 쌍다랏 석서긔 청맹을 겸하고 이롱증耳聾症 이명耳鳴 귀젓을 겸하고 비창鼻瘡 비색鼻塞 주독酒毒을 겸하고 면종面腫 협종頰腫에 순종脣腫을 겸하고 풍치風齒 충치蟲油에 구괘증口喎症을 겸하고 흑태黑苔 백태白苔에 설축증舌縮症 겸하고 후비창後脾瘡 전비창前脾瘡 쌍단아 겸하고 낙함증落頷症 항강項强에 발제髮際를 겸하고 연주連珠 나력瘰癧에 상감을 겸하고 견비통肩臂痛 용절癰癤에 수전징 겸하고 협통脅痛 요통腰痛에 등창을 겸하고 흉결복장胸結腹脹에 부증浮症을 겸하고 임질淋疾 산증疝症에 퇴산㿗疝 불 겸하고 문종치질에 탈황증脫肛症 겸하고 가랏독 학질에 수종水腫을 겸하고 발바닥 독종毒腫에 티눈을 겸하고 주로酒勞 담로痰勞 색로色勞를 겸하고 육체肉滯 주체酒滯에 식체食滯를 겸하고 황달黃疸 흑달黑疸에 고창질을 겸하고 적리赤痢 백리白痢에 후중증後重症을 겸하고 각궁반장角弓反張에 괴질恠疾을 겸하고 전극곽란에 토사를 겸하고 자치염 해소咳嗽에 헐덕징 겸하고 섬어譫語

빈 입에 헛손질 겸하고 하루거리 이틀거리 머루리심 겸하고 드리치락내치락 사증邪症을 겸하고 단독丹毒 양독에 온역을 겸하고 감창疳瘡 당창唐瘡에 용천을 겸하고 경중 복음에 문동징 겸하고 내종 간옹에 주마담走馬痰 겸하고 염병染病 시병時病에 열광징 겸하고 울화 허화에 물조갈을 겸하여 사지가 불인不仁하고 만신이 자통하여 굽도 잡도 꼼작달삭 다시는 두수없이 마게를 모양으로 뻣뻣하고 누어시니 여인이 겁을 내여 병도 하 무서우니 문복問卜이나 하여 보자.

경채經債 한 양 품에 넣고 건넌 마을 송봉사 집 급급히 찾어 봉사님 게옵시오. 봉사의 대답이란 게 근본 원수진 듯기 하난 법이엿다. 게 누구랑게 강쇠 지어미요 어찌 그 건장턴 지아비가 밤 새이 얻은 병이 곧 죽게 도여 시니 점복 좀 하여주오. 어허 말 안 되엿네 방으로 들어 오소 세수를 급히 하고 의관을 정제한 연후에 단정히 꾸러 앉어 대모산통 흔들면서 축사를 외난구나 천하언재天何言哉시며 지하언재地何言哉시리요마는 고지직응叩之即應하나니 부대인자夫大人者는 여천지합기덕與天地合其德하며 여일월합기명與日月合其明하며 여사시합기서與四時合其序 하며 여귀신합기길흉與鬼神合其吉凶하시니 신기영의라 감이수통언하소 금우테세 을유이월갑자삭초육일기사乙酉二月甲子朔初六日己巳 경상우도 함양군 지리산 중거 여인女人 옹씨雍氏 근복문謹伏問 가부임술생신家夫壬戌生辰 강쇠가 우연 득병하여 사생이 관단하니 복걸 점신은 물비괘효勿鄙卦爻 신닝소시 신명소시 하나 둘 셋 넷 산통을 누가 빼서 가는 듯기 주머니에 불판 나게 넣고 글 한귀 지어시되 사목비목似木非木이요 사인비인似人非人이라 나무라 할가 사람이라 할가 어허 그것 고이하다. 강쇠 아내 이른 말이 엇그제 남정네가 장승을 패 때더니 장승동증長承動症인가 보의다.

그러면 그러체 목신이 난동하고 주작朱雀이 발동하야 살기난 불가망不

可望이나 원이나 없이 독경이나 하여 보소 강쇠 아내 이말 듣고 봉사님이 오옵소서 가제 저제집 거동보소 한걸음에 급히 와서 사면에 황토 놓고 목욕하며 머리 감고 빤 의복 내여 입고 살망떡 과실 채소 차리 놓고 앉어 시니 송 봉사 건너온다. 문 앒우 와 우뚝 서며 어찌 다 차렷난가 예 다 차려노왓소. 그러면 경 읽제 나는 북 드려놓고 가시목 북방망이 들고 요랑은 한 손에 들고 쨍쨍퉁퉁 울리면서 조왕경 성조경을 의레 읽운 후에 동진경을 읽난구나 나무 귀살신 나무남방 목귀살신 나무서방 목귀살신 나무북망 목귀살신 삼십칠 편을 얼풋 읽고 왼편 발 턱 구르며 엄엄급급 여률령사파하 쒜 경을 다 읽은 뒤여 자네 경쵀[5]를 어찌 하랴나 저 계집이 이른 말이 경쵀나 서울 빗이나 여기 있소 돈 한 양 내여 주니 내가 돈 달라관듸 거 새끔한 것 있난가 어 아시시오 점잔한 터 그게 무슨 말삼이요 송 봉사 무류하야 안개 속에 소나가듯 하니 강쇠 아내 생각하되 의원醫員이나 청해다가 침약針藥이나 하여 보자. 함양자바지 명의名醫란 말을 듣고 찾어 가서 사정하니 이진사李進士 허락하고 몸소 와서 진맥할 제 좌수맥左手脉을 짚어본다. 신방광맥腎肪胱脉 침지하니 장냉정박 한 것이요 간담맥肝膽脉이 침실하니 절륵통합할 것이요 심수맥心水脉이 부삭하니 풍열두통風熱頭痛할 것이요 명문산초맥命門三焦脉이 이렇게 침미하니 산통탁진할 것이요. 비위맥脾胃脉이 침심하니 기촉복통할 것이요 폐대장맥肺大腸脉 부현하니 해소냉결할 것이요 긔구인영맥氣口人迎脈이 내관외격하야 일호육지하고 십괴가 법하여시니 암만해도 죽을 터나 약이나 써보게 건재로 사오너라. 인삼人蔘 녹용鹿茸 우황牛黃 주사朱砂 관계官桂 부자附子 곽향藿香 축사縮砂 적복령赤茯苓 백복령白茯笭 적작약赤芍藥 백작약白灼藥 강활羌活 독활獨活 시호柴胡 전호前胡 천궁川芎 당귀當歸 황기黃芪 백지白芷 창목蒼木 백출白朮 삼능三稜 봉출蓬朮 형개荊芥 방풍防風 소엽蘇葉 박하薄荷 진피陳

皮 반하半夏 후박厚朴 용뇌龍腦 사향麝香 별갑鼈甲 구판龜板 대황大黃 망초芒硝 산약山藥 택사澤瀉 건강乾薑 감초甘草 탕약湯藥으로 써서 보자. 형방패독산荊防敗毒散 곽향정기산藿香正氣散 보중익기탕補中益氣湯 방풍통성산防風通性散 자음강화탕滋陰降火湯 구룡군자탕九龍君子湯 상사평위산常砂平胃散 황기건중탕黃芪建中湯 일청음이진탕一淸飮二陣湯 사물탕四物湯 삼백탕三白湯 오령산五靈散 육미탕六味湯 칠기탕七氣湯 팔물탕八物湯 구미강활탕九味羌活湯 십전대보탕十全大補湯 암만 써도 효음 없어 환약丸藥을 써서 보자 소합환蘇合丸 청심환淸心丸 천을환天乙丸 포룡환抱龍丸 사청환瀉淸丸 비급환脾及丸 광제환廣濟丸 백발환白髮丸 고암심신환古庵心腎丸 가미지황환加味地黃丸 경옥고瓊玉膏 신선고神仙膏가 아무 것도 효음 없다.

만약萬藥을 하여 볼가 지룡의 즙 군병이 즙 우렁탕 섬사주蟾蛇酒며 무가산 황금탕과 오즘 찌끼 월경수며 땅강아지 거마리 황우리 며또기 가마치 옷밤미를 다 써보와 효음 없다.

침針이나 주어 보자 순금장식 대모침통 절렁절렁 흔들어서 삼능을 빼여 들고 차차 혈맥 짚어줄 제 백회百會 짚어 통천주고 뇌공 짚어 풍지주고 당중 짚어 신궐주고 기해 짚어 대맥주고 대저 짚어 명문주고 장강 짚어 간유주고 담유 짚어 소장유주고 방광우 짚어 곡지주고 수삼이 짚어 양곡주고 완골 짚어 내관주고 태능 짚어 소상주고 환조 짚어 양능천주고 현종 짚어 우중주고 숭산 짚어 골윤주고 신맥 짚어 삼음교주고 공손 짚어 축빈주고 조해 짚어 용친주어 만신을 다 쑤시니 병에 골코 약에 골코 침에 골아 죽을밖에 수가 없다. 이진사李進士 하난 말이 약은 백 가지요 병은 만 가지니 말질末疾이라 불치不治오다 하직하고 가난구나.

의원이 간 연후에 침약針藥의 심일인지 목신의 조화일넌지 강쇠가 말을 하야 여인옥수女人玉手 덥벅 잡고 낙루하며 하난 말이 자네난 양서兩西

사람 내 몸은 삼남三南 하늘이 지시하고 귀신이 중매하여 오다가다 매진 연분 죽자사자 짚은 맹셔 단산丹山의 봉황이요 녹수에 원앙鴛鴦이라 잠시도 이별 말고 백년해로 하잣더니 일야 간에 얻은 병이 백가지약 효음 없어 청춘 소년 이내 몸이 황천원로黃泉遠路 갈 터이니 생긔사귀生寄死鬼 성인 말삼 나는 설지 않거니와 생이사별生離死別 자네 정경情境 참아 어찌 보자는가 비같이 붓든 정이 구름같이 흩어지면 눈같이 녹는 간장 안개같이 이는 수심 도리화桃李花 피는 봄과 오동잎 지는 가을 두견이 설이 울고 기러기 높이 날 제 독숙공방 저 신세가 잔생殘生이 불상하다. 자네 정경 가긍하니 아모리 사자하되 내 병세 지독하여 기여이 죽을 터니 이 몸이 죽거들랑 염습斂襲하되 입관入棺하기 자네 손조하고 출상出喪할 제 상부배행喪夫陪行 시묘侍墓살아 조석상식朝夕上食 삼년상을 지낸 후에 비단수건 목을 잘라 저승으로 찾어오면 이생의 매진 연분 단현부속斷絃復續 도려니와 내가 지금 죽은 후에 사나희라 명색하고 십세 전十歲前 아해라도 지내 몸에 손대 것나 집 근처에 얼른하면 직각 급살 할 것이니 부대부대 그리하소.

숫것 아구데 손질을 풀술 넣어 여인의 ××쥐고 으드득 심주드니 불근 이러 우뚝 서며 건장한 두 다리는 유엽전柳葉箭을 쏘랴는지 비정비팔 빗드듸고 바위같은 두 주먹은 십왕전十王殿의 문직인지 눈 우에 높이 들고 경쇠떵이같은 눈은 홍문연鴻門宴[6] 번쾌樊噲런지 찌여 지게 부릅뜨고 상토 풀어 산발하고 셔 빼여 질게 물고 집동같이 부은 몸에 피고름이 낭자하고 주장군朱將軍은 그저 뻣뻣 목구녁서 숨소리 딸깍 코구녁에서 찬 바람 왜생문방倭生門方 안을 하고 장승 죽엄 하여구나.

주기3註其三 ——

1. 노돌=노돌, 서울 한강漢江의 노돌鷺梁
2. 소수=효수梟首. 목을 베어 달어 매는 것.
3. 명화적=화적. 불 밝혀가지고 다니는 도적.
4. 신문=정수리.
5. 경쵀=경 읽는 값.
6. 홍문연=홍문연鴻門宴. 홍문鴻門은 중국합림동현동中國陜臨潼縣東에 있는 땅이름인데 옛날 항우項羽가 사십만병四十萬兵을 이곳에 두고 패공沛公(한고조漢高祖)과 더부러 잔치를 하였다.

여인이 겁이 나서 울 생각도 업제마는[1] 저놈 성긔 짐작하고 임종유언臨終遺言 있어시니 전래곡은 할 터여든 비녀 빼여 낭자 풀고 주미 주여 방을 치며 애고애고 설운지고 애고애고 어찌 살고 여보소 변 서방아 날 바리고 어듸 가나 나도 가세 나도 가세 임을 따라 나도 가세 청석관 만날 적에 백년해로 하자더니 황천객 혼자 가니 일장춘몽 허망하네 적막산중 텅 뷘 집에 강근지친强近之親 고사하고 동내 사람 없어시니 낭군치장 어찌하고 이내 신세 어찌 살고 웬 년의 팔자로서 상부복을 그리 타서 송장 많이 보와시되 보전 중에 처음이네 애고애고 설운지고 날을 만일 못 잊어서 눈을 감지 못 할 터면 날 잡아가소 날 잡아가소 애고애고 설운지고 한참 통곡 한 연후에 사잣밥[2] 지어 놓고 옷깃 잡아 초혼하고 혼자 말고 자탄하여 무인지경 이 산중에 나 혼자 울어서난 낭군치상郎君治喪 할 수 없어 시충출호尸虫出戶 될 터이니 대로변에 앉어 울어 오입남자誤入男子 만나시면 치상을 할듯하니 그 수가 옳다하고 상부의 이력 있어 소복素服은 많아 것다. 생서양포 깃저고리 종성내이 생뵈치마 외씨같은 고흔발씨 삼승보선[3] 엄신 신고 구름같이 푸른 머리 헌들어지게 집어 언고 도화색

두 뺨 가에 눈물 헌적 더 애뿌다.

아장아장 고이 걸어 대로변을 건너가서 유록도화柳綠桃花 시내가에 빌듯 말듯 퍽석 앉어서 관여인내라 목소리는 좋다 소니 서러져 가는 듯기 앵도를 따는듸 이것이 묵은 서방 생각이 아니라 새서방 후리는 목이니 오족 맛이 있것느냐 사설은 망부사望夫辭 비젓하게 염장은 연에 애고애고로 막것다. 애고애고 설운지고 이내 신세 가련하다. 일신이 고단키로 이십이 발웃 넘어 삼남을 찾어 오니 사고무친 객지로다. 오행궁합五行宮合좋다키여 육례六禮없이 얻은 낭군 칠차상부七次喪夫 또 당하니 팔자가 험궂던가 구곡간장 이 원통을 십왕전에 아뢰고저 애고애고 설운지고 여심상비 남물 혼사 보는 것이 설음이라 유상柳上에 우는 황조黃鳥 벗을 오라 한다마는 황천 가신 우리 낭군 네 어이 불러오며 화간花間에 우는 두견 불여귀不如歸라 한다마는 가장치상 못한 내가 어듸로 가자느냐 동원도리편시춘東園桃李片時春에 내 신세를 어찌하며 춘초년년 푸르는듸 낭군어이 기불귀歸不歸고 애고애고 설운지고 염라국閻羅國이 어듸 있어 우리낭군 가겨신고 북해北海상에 있으며는 안족서雁足書나 부칠 터요 농산隴山이 가까우면 앵무소식 오련마는 주야동포晝夜同抱 하던 정이 영리별이 되단 말가. 애고애고 설운지고 이 원한 목소래가 화주성花珠城이 무너질 듯 시내물 목매친다.

이 때에 화림花林속으로 산나부 한 나이 날아오난듸 매오 덤벙여 불근 칠 실양갓에 주황사 나뷔 수염 은귀영자 공단끈을 두귀으 덮어 매고 총감로 소년당상에 꽃같은 금관자金貫子를 양편에 딱 붙이고 서양포대 쪽누비 상하롱 같이 입고 한산세저韓山細苧 익물자삼 진홍부납 눌러 띄고 흔총백이 사날초혜 고흔새김 보선목을 행전行纏 우에 덮어 신고 천은꾸미 화류중도 걸고름에 느짓 차고 오십시 진상칠선 기름겨러 손에 쥐고 동구

색주가色酒家에 곡채麯茶[4]를 반취하야 용두龍頭새긴 육환장六環杖을 이리로 철철 저리로 철철 청산석경青山石逕에 굽은듸 흐늘거려 나려온다. 우름소래 잠간 듣고 사면을 둘러보며 무한이 주저더니 여인을 얼른보고 가만가만 들어가니 재치 있는 저 여인이 중 오난 줄 몬저 알고 왼갖 태態를 다 부린다. 옥안玉顏을 번듯 들어 먼 산도 바라보고 치맛자락 돌려다가 눈물도 씻어보고 옥주를 잠간 들어 턱도 바쳐보고 설움을 못 이기여 머리도 뜯어보고 가도록 설게 운다. 신세를 생각하면 해당화海棠花 저 가지에 결항치사結項致死 할 터로되 설부화용雪膚花容 이내 태도 아즉 청춘 멀어시니 적막공산 무주고혼無主孤魂 그 아니 원통한가 광대한 천지간에 풍류호사의 귀남자 웅당 많이 있것마는 내속에 먹은 마음 제 누라 알 수 있나 애고애고 설운지고 중놈이 그 얼골 그 태도를 보고 정신을 반이 노왓더니 이 우난 말을 들으니 죽을밖에 수 없구나 차마 못전듸여 제가 독을 써 내×도 죽자 쑥 나서 소승 문안 드리요. 여인이 할끗 보고 못들은 처 연에 울어 오동梧桐에 봉 없이니 오작烏鵲이 지저귀고 녹주綠水에 원鴛 없이니 오리가 날아든다. 애고애고 설운지고.

중놈이 이 말을 들으니 저를 없이 여기는 말이어든 불고사생不顧死生하고 바짝바짝 달려들며 소승 문안이요 소승 문안이요 여인이 울음을 근치고 점잔이 꾸짖여 중이라 하는 것이 부체님의 제자이니 계행이 다를 턴듸 적막산중 숲을 속에 전후불견 여인에게 체모 없이 달려드니 버릇이 괘심하다. 문안은 그만하고 갈길이나 어서 가제 중이 대답하되 부체님 제자기로 자비심慈悲心이 만삽더니 시죽施主님 저 청춘에 애원이 우는 소리 빼저려 못 갈터니 우는 내력 아사이다. 여인이 대답하되 단부처 산중 살아 강근지친强近之親 없삽더니 신수가 불행하여 가군초상 만낫난데 송장조차 험학하여 치상할주 없삽기로 여기와 우는 뜻은 담기膽氣있는 남자만나 가군치상 한 연후에 청춘수절 할 수 없어 그 사람과 부부되여 백년해로 하자하니 대사의 말삼대로 자비심이 있삽거든 근처로 다니시며 섭기남자俠氣男子 맛나거든 지시하여 보내시요. 저 중이 또 물어 우리 절 중중에 자원할 이 있으면 가르처 보내리까 치상만 하거드면 그 사람과 살 터이니 승속僧俗을 가릴 터요 저 중이 대희하야 그리하면 쉰 일 있소 그 송장 내가 치고 날과 살아 어떠하오 악가 다한 말이니 다시 물어 씰듸 있소 저 중이 조와라고 양갓감토 벗어 찢고 공단갓끈 금관자는 주머니에 떠여 넣고 장삼 벗어 띄로 묶어 어깨에 들어 메고 여인은 앞을 서고 대사는 뒤에 서서 강쇠 집을 찾어올 제 중놈이 조와라고 작난이 비상하다. 여인의 등떠리에 손도 썩 넣어 보고 젖도 불근 쥐여 보고 허리 잘근 안아 보고 손목 꽉 잡아 보며 안만해도 못 참것네 우선 한번 ×고 가세 여인이 책망하여 밧비 먹으면 목이 메고 급히 더우면 쉬 식나니 여러 해 주린 색심 아모리 그러하나 죽은 가장 방에 두고 새 낭군 그 노릇이 내 인사가 되것는가 다도여 가는 일을 마암 조금 진정하소 중놈이 대답하되 일인 직 그러하네 수박같은 대가리를 짜웃짜웃 흔들면서 십년공부 아미타불 참부체난 될 수 없어 상삼가약三生佳約 우리 미인 가부처나 도여 보세.

강쇠 문전 당도하여 시체방이 어데 있노 여인이 가르치며 저 방에 있소마는 신체가 뻘근 서서 형용이 험악하니 단단이 마암 먹어 놀래지 말게 하오 이 놈이 여인에게 섭기俠氣를 뵈노라고 장담을 벗석하여 우리는 겁이 없어 칠야삼경 짚어가며 구진 비 흩뿌릴 제 적적한 천왕각天王閣 혼자 자는 사람이라 그같은 섯는 송장 조금도 염려 없제 속으로 진언眞言 치며 방문 열고 들어서서 송장을 얼른 보고 고개를 퍽 수기며 중의 버릇하노라고 두손을 합장하고 문안 주검으로 요만하고 열반涅槃[5]해제 강쇠

여편이 매장포埋葬布 백지등물 주십하여 가지고서 뒤좇아 들어가니 허망한 저 중놈이 발서 이 꼴 도여구나 깜작 놀라 발 굴으며 애거 이것 웬일인가 송장하나 치랴다가 송장하나 또 생겻네 방문을 닫히고서 뜰 가운데 홀로 앉어 송장에게 정설하며 자탄 신세 우는구나 여보소 변 서방아 어찌 그리 무정한가 청석관의 만나 후에 각포구各浦口로 다니면서 간신이 모운 전양錢糧 잡기雜伎로 다 없이고 산중사리 하자드니 장승 어이 패여 때여 목신동정 소년주검 모도 자네 자취로세 사십구일 구병할 제 내 간장이 다 녹앗네 험악한 저 신체를 감작을 할 수 없어 대로변 가는 중을 간신이 후렷더니 허신許身도 할 일 없이 강짜를 하노라고 송장치려 간 사람을 저 주검을 시켜시니 소문이 나거드면 송장칠 놈 있것든가 송장만 처낸 후에 자네의 유언대로 수절할 터이니 다시는 강짜마소 애고애고 내 신세야 이 치상을 뉘가 할고 애근이 우노라니 천만 뜻밖에 솔때밋[6] 친구 하나가 달려드난듸 예돌아왓소 구름같은 집에 신선같은 나그네 왓소 테[7] 옥같은 입에 구슬같은 말이 쏙쏙 나오 테 이 개야 짖지마라 낯선 웨 안씨셔 눈곱이 따닥따닥 날을 보고 짖나니 네 하나 비를 보고 짖어라 테 이런 야단이 없구나 여인이 살펴보니 구슬상모 담벙게지 듸개맨 롱장고에 적없는 뉘비저고리 때묻은 붉은 전대 제마시로 어깨띄 조개장단 주머니에 주황사 벌에답 조록낭 동삼지 차고 청삼승 허리띄에 보선코를 질게 빼여 오메장 집신에 푸렁헝급 들메이고 오십살五十矢 느러진 부채 송화색 수건 달아 덜미의 엇게 꽂고 압뒤꼭지 뚝 내민 놈 압살 없는 헌 망근에 자개관자 굵게 달아 당줄에 지눌러쓰고 굵은 무명 벌롱한삼 무릅 아래 척 처지고 몸집은 집동같고 배퉁이는 물항같고 도리도리 두 눈구녁흔 고리로 테두르고 납작한 코마루에 주석대갈 총총 박고 곳곳한 센수염이 양편으로 펄넝펄넝 반백半白이나 넘눈 놈이 목소래는 새된 것이 비지

땀을 베쓰씨며 헛춤 벗석 받으면서 예 오노라 가노라 하노라니 우리집 마노래가 아지마님 집의 문안 아홉꼬장이 평안 아홉꼬장이 이구십팔 열 아홉꼬장이 낫낫치 전하라 하옵듸다. 당동다폐. 여인이 기가막혀 초라니를 나모라며 아모리 초라닌들 어찌 그리 경망한고 가군의 상사 만나 치상도 못한집에 장구소래 부당하네 예 초상이 낫사오면 중복맥이 오귀물림 잡귀잡신을 내 솜세로 소멸하자 폐당동다 정월이월 드난 액은 삼월삼질 막아 내고 사월오월 드난 액은 유월유두六月流頭로 막아 내고 칠월팔월 드난 액은 구월구일 막아 내고 시월동지 드난 액은 납월납일 막어 내고 매월매일 드난 액은 초라이 장구로 막아 내세 폐당둥다 통열칠統營漆 도리판에 쌀이나 도여놓고 명씰과 명전이며 귀가진 저고리를 액기지 마옵시고 어서어서 나여노오 여보시오 초라니 가가문전 들어가면 오라는듸 어듸잇소 뒤꼭지 지르면서 핀잔악담 하는 것을 꿀로 알고 당기오니 난장쳐도 못 가것소 박살해도 못 가것소 억지를 마구씨니 여인이 대답하되 중복마기 오구물림 호강의 말이로쇠 서서 죽은 송장이라 쳐내일 사람 없어 시각이 민망하네 초라니가 조와라고 장구를 뚜다리며 망정을 떠는구나 사망이다 사망이다 발뿌리가 사망이다 불리엿다 불리엿다 좋은바람 불리엿다 불리엿다 불리엿다 좋은바람 불엿리다 재수있네 재수있네 흔고리눈 재수있네 복이있네 복이있네 주석코가 복이있네 페둥동다 어제저녁 꿈좋기에 이상이 아랏더니 이댁 문전 차저와서 송장사망 터젓구나 페둥동당 신사년괴질통辛巳年怪疾痛에 험악하게 죽은 송장 내손으로 다 처시니 그같은 선송장은 외손의 아들이니 싹을 몬저 절단하고 페당동다 여인이 게을은 강쇠에게 간장이 다 녹다가 이손의 거동보니 보질안키 우리없어짐때끝에 앉어서도 정녕 아니 굼것구나 애근이 대답하되 가난한 내 형세에 돈 없고 곡식 없어 치상을 한 연후에 부부도여 살 터이요 초라니가 또 덤벙여 얼시구나 멋있구나 절시고나 좋을씨고 페당동다 맛속 있는 외입장이 일색미인 만나구나 신체방문 어서어오 내 솜씨로 처서낼게 페당동다.

여인이 방문 여니 초라니 거동보소 시방문전 당도 터니 몸단속을 매우하여 장고끈 졸라매고 채손에 심을 주어 험악한 저 송장을 제곳으로 뉘이기로 보질아니 서두난듸 여보소 저 송장아 이내고사 들어 보소 페당동다 오행정기 생긴 사람 노소간에 죽어지면 혼령은 귀신되고 신체는 송장이쇠 무슨 원통 속에 있어 혼령은 안 흩이고 송장은 뻣뻣 섯노 페당동다 이내 고사 들어보면 원통 다 풀리리 살앗을 제 이생이요 죽어지면 저생이라 만년부운萬年浮雲 도여시니 처자 어찌 딸아갈가 회파은수 자세 보니 옛사람의 탄식일쇠 페당동다 보들압든 장구채가 뒤마치만 소래하여 꽁꽁 풀닢같은 새돈목이 고뷔 넝길 수가 없고 날세게 노던 몸집 삼동의 뒤틀리고 한출첨배汗出添背 가쁜 숨이 어깨춤에 턱을 채여 한다리는 오금죽여 턱밑에 장고 언고 망종쓰난 한마디목 하염없이 구성이라 뒷마치꽁치며 고사주검 돌아가니 여인이 깜짝 놀라 손바닥을 떡떡치며 또 죽엇네 또 죽엇네 방정마진 저 초라니 자발없이 덤벙이다 허망이도 돌아간다. 고단한 내 몸이 세 송장을 어찌할고.

주기4註其四 ——

1. 업제마는=없지마는
2. 사잣밤=초상初喪난 집에서 초혼招魂할 때 염부閻府의 사자使者에게 드리는 밥 세 그릇과 짚신 세 커리를 상에 놓아 문門 앞 한편에 두는 것.
3. 삼성버선=굵드란 삼승三升 베로 지은 버선. 엄신=듬성듬성 신총읍 낸 짚신.
4. 곡채=곡차麯茶. 불가佛家에서 술酒을 이름.
5. 열반=죽었다는 말

6. 솔때밋친구=솟대장이. 기괴奇怪한 가장假裝을 하여 연희演戱하는 배우俳優의 일종一種 초라니.
7. 테=발언發言할 때 먼저 내는 일종一種의 감탄사感嘆詞.

담배를 푸여 물고 먼 산 보고 앉엇더니 대목 미처 파장인가 어농풍년 시평인가 오색 발가리 친구들이 짓글어 온다. 풍각장이[1] 한패가 오난듸 그 중에 앞선 가객 떠러진 통양갓에 벌에줄 매여 쓰고 소매 없는 뵈중추막 권생원게 얻어 입고 세목동옷 때 묻은 놈 모동지게 얻어 입고 안만 남은 뉘비저고리 신선달게 얻어 입고 다 떠러진 전등거리 송선달게 얻어 입고 부채를 부치되 뒤의 놈만 시연하게 부치면서 들어와서 말버승새[2] 씨는 경쪼원 터도 못 다가고 금강錦江 이쪽 경쪼엿다. 여보시오 아마 노래댁 송장이 접사하여 처낼 사람 없다하니 내 수단에 처내이면 나고 둘이 살게엿소 여인이 대답하되 무슨 재조 지니셧소. 예 나는 소래명창 가객歌客이요 여인이 또 물어 송 선달 알으시오 예 그게 내 제자요 신 선달 알으시오 둘째제자요 세상 사람 하는 말이 모란은 화중왕 송 선달은 가중왕歌中王 다시 웃수 없다는듸 그 사람들 선생되면 당신의 목재조는 가중의 천잔天子가보 남들이 그렇다고 수군수군 합듸다 그 뒤에 통소쟁이 빽빽 얽은 전벽소경 통솟대 손에 쥐고 강경장 넝마 큰옷 뻣뻣하게 풀을 먹여 초록실띄 눌러 띄고 지평막대 짚은 아히 열대앗 살 거진될 놈 굵은 무명 홋고우 잘못 신고 모시행전 홍일관단 도리줌치 갈매창옷 송화색 동정쇠털같은 노랑머리 밀기름칠 이마 재여 공단댕기 벗게 닿고 검무춤 칼 가저시며 개얏고 타는 사람 뺏뺏 말은 중늙은이 피골이 상연한듸 토질먹은 기츰소래 광쇠치는 소리같고 진손톱 거문때와 빈대코 콧거웃이 입술을 모도 덮고 떡메모자 대갓끈에 개얏고를 미여시되 경상도 경주도읍 그 시절에 난것이라 복판이 좀이먹고 도막난 열두 줄을 망근 당줄 이어달고 쥐똥나무 괘를 고여 주석고리 끈을 달아 왼어깨에 드러메고 북치는 놈 맵시보소 엄질억이 총각놈이 이드럼과 개기름이 용천백이 터 잡은 듯 잘은 머리 질게 땋고 외손질로 늙은 놈이 체바퀴 열두 도막 주서 이어 노구록피老狗鹿皮 북을 매여 소악저겨 끈을 달아 양어깨에 드러메고 거들거려 들어오며 장담들을 서로 한다.

송장이 어듸 있소 그같은 것 쳐내기는 발허리나 시제 여인이 이론 말이 그렇게 장담하다 실없이 죽은 사람 몇이 된 줄 모로것소 저 사람들 대답하되 그 염려는 마르시요 내 노래 한 곡조는 읍귀신을 하는 터요 개얏고를 의논하면 진국미인秦國美人[3] 허청금虛聽琴 형장사荊壯士도 잡아시며 왕소군王昭君 출새곡出塞曲은 호인胡人도 낙루하고 옹문금雍門琴 슬푼 소래 맹상군孟嘗君도 울어시니 내 또한 상심곡을 처량이 타거드면 멋있는 저 송장이 날 괄세할 수 없제 통소장이 하는 말이 내 통소 부는 법은 여읍여소如泣如笑 슬푼 소래 계명산鷄鳴山 추야월秋夜月에 장자방張子房의 곡조로다 팔천제자 흩어질 제 우미인虞美人은 목지르고 항장사項將士도 울어거든 제까진 송장이야 동지섣달 불강아지 북치는 놈 내달으며 이내 솜씨 북을 치면 전단田單이 되놈 칠 제 지석지소 우뚝 서서 원포고지援枹鼓之 하던 소래 장익덕張益德 고성현의 관공關公님의 용맹보자 삼통고 치던 소래 제 아모리 험한 송장 아이 쓸어질 주 없다. 검무 추는 아히 놈이 양손에 칼을 들고 여풍대 좌우사위 번듯번듯 들어오며 여보시요 기탄 마오 소년 심오이심시에 일검징당 백만사一劒曾當 百萬師라 홍문연 큰 모음에 황장項莊의 날랜 칼이 날 당할 수가 없고 양소유楊少遊 대진 중에 심요연沈裊烟의 추던 춤이 내게 비치 못할 터니 송장치기 두말 있나 송장방이 어듸 있소.

각기 재조 자랑하니 여인이 생각한직 식구가 여러시요 저 손님네 송장 몬저 보와시는 아매 기가 맥힐 터니 시체방문 닫은 체로 퇴마루에 늘어 앉어 각색풍류 하여시면 멋있는 송장이니 감둥하여 눕거드면 묶어내기 숩 터이니 그리하여 어떠하오 그 말이 장이 좋소. 굿하는 집에 고인鼓人본으로 마루에 늘어앉고 검무장이 일어서서 여민악與民樂 신방곡心方曲[4]을 자미있게 한참 노니 방에서 찬바람이 시룰시를 이러나며 쌍창문雙窓門이 절로 열려 왼몸이 으쓱하며 독한 내가 코 지르니 눈뜬 식구들은 송장을 몬저 보고 제 맛이로 다 죽는다. 가객의 거동보소 초한가楚漢歌를 한참 할 세 일후영웅장사들아 초한승부 들어 보소 절인지력絶人之力 부질없고 순민심順民心이 으뜸일네 한패공漢沛公 십만 대병 구리산하십사에 대진을 들러 치고 초패왕楚霸王을 잡울랄 제 거리거리 마병이요 마로마로 복병이라 부채를 쫙 펼치며 숨이 딸깍 개얏고 노던 사람 짝타령을 타노라 황성荒城의 허조벽산월虛照碧山月 고목古木은 진입창오운盡入蒼梧雲이라하던 이태백李太白으로 한짝 삼년정리三年征裏의 관산월關山月이요 만국병전萬國兵前의 초목풍草木風이라 하던 두자미杜子美로 한짝 둥덩덩지 둥덩둥 그만식구. 북치던 늙은 총각 다시 치는 소리 없다 칼춤 추던 어린 아히 오도가도 아니하고 선 자리에 꼭 서 있고 퉁소 부던 늙은 봉사 송장 낫을 못 본고로 주검차래 모르고서 먼눈을 번쩍이며 봉장추[5]를 한창불 제 무서운 기 왈칵들고 독한 내가 칵 찌르니 내밀심이 점점줄어 그만 자진 하여구나.

여인이 기가 막혀서 울음도 울 수 없고 사지가 느른하여 애거 이를 어찌할고 이것들 앉인 대로 여기다 두어서는 아무사람 와 보와도 우선 놀라갈 터이니 방안에다 감추자고 하나씩 고이 안아 동서편 두벽 밑에 차례로 앉혀노니 앉인 것은 명부전冥府殿에 시왕뽄[6] 집 일홈은 초상상자 팔상전八喪殿[7] 시방문 닫히고서 대문간에 비겨서서 대로변을 바래보니 어떠한 사람 하나 맛있는 연비정을 권생원 비젓하게 냅떠 띄는듸 이바 벗님네야 이때는 어느 땐고 하사월 초파일에 연자燕子는 남으로 펄펄 날아들고 석양산로에 어듸로 가자느냐 천지로 장막삼고 일월로 등촉灯炳삼고 남의 집 내집 삼고 가는 길 노자되고 멍석자리 등돗 삼아 두로 궤질러 당기다가 달은 밝고 바람은 차는 밤에 광충 다리 홀로 우뚝 서서 이내 신세를 숨숨 생각하니 팔만장안八萬長安 억만가구億萬家口 방방곡곡坊坊曲曲 귀똘적간을 꿰질러 다니며 보와도 이런 발금 목독의 아들놈 팔자 또 어듸 있을고 애고애고 설운지고 어서러지게 부르면서 문전을 들오는듸 산쇠 털벙거지 넙운끈 졸라매고 마가목채 등털미에 꽂고 때묻은 고의적삼 육승포 왼골진대 허리를 잡아매고 발감기 곱게 하여 집신을 들메는듸 키난 장승같고 낫은 징짝같고 눈은 화등잔만 코는 메주떵이 입은 싸전장되 발은 동작銅雀거루선만 초라니 탈 아니 써도 천생 말둑이 본이어든 여인을 썩 보더니 경조京調로 세치를 내갈기는듸 이러 제어미를 그리하여서 마노래가 낭군의 송장 처주면 두리 사자고 하는 마노래요 여인이 애근이 대답하여 그러하오 그 제어미를 할 송장이 얻케 죽엇단 말이요 뿔근 이러서서 두주먹 뿔근 쥐고 이놈이 여내 희석하야 눈을 꽉 치자고 두다리 벗듸듸고 눈을 팍 차자고 눈을 딱 부릅떳소 엑게 그것이 용번이어든 그도 가수제 집에 갈키있소 예 있소 그놈의 눈구녁을 내가 아니 보려하니 고개를 수기고서 그놈 눈 웃시욱을 글거서 덮을 터니 마노래는 밖의 서서 갈키가 웃시욱에 닿거든 닿다하오.

이놈이 갈키 들고 시체방에 들어서서 고개를 꺽 수기고 두 손으로 갈키 들어 송장 눈에 다이면서 옷시욱에 다앗소. 여인이 뒤에 서서 조금 올리시오 다앗소 조금 내리우시요 다앗소 딱 잡아 글근 것이 손 조금 미끄러저 아래시욱 글거노니 눈이 뚝 불거저서 앙하고 호랑이 재조를 하는구나 가마니 치여다보더니 이놈이 깜작 놀라 갈키를 내 바리고 바로 뛰여 도망할 제 그물의 내 맡은 수어 뛰듯 선불마진 호랑이 맏듯 곳 들고 째나구나. 여인이 대경하야 급히급히 쫓아가며 여보시오 저 손님네 말삼이나 하고 가오 저놈이 손 헤치며 그런 소리 하지 마오 나 돌아가오 나 돌아가오 위방危邦은 불입不入이라 나 돌아가오 여인이 연에 불러 송장치라 아니 하니 말만 잠간 듣고 가오 꽃같은 저 미인이 옥같은 말 소래로 따라오며 청하니 오입한 사람이라 어찌 할 수가 있나 돌아서며 대답하되 무슨 말슴 하랴시오 여인이 하는 말이 노정路程에서 고이하니 내 집으로 둘이 가서 딴방에서 잠을 자고 내가 이리 고적하니 말벗이나 하옵시다. 저 놈이 흠뜰하여 글헙시다 허락하고 여인의 손목잡고 정담하며 도로 올 제 여인이 자시 물어 어듸서 사옵시며 존호는 누구신듸 어듸로 가시다가 내집을 어찌 알고 수고로이 오시닛가 저 놈이 대답하되 예 나는 서울 사는 뎁뜩이 김 서방 재상 댁 마종으로 경상도 황산역黃山驛에 좋은 말이 있다기에 그리로 가옵다가 마노래 일색으로 가군이 험사하여 치상하여 주는 사람 작배하여 사잔 말이 삼남천지 들석하여 사람마다 전하기에 불원천리 찾어 왓소 여인이 또 물어 서울서 사르시고 신수 저리 건장한듸 그만 송장 염려하여 바리고 가시기는 내 얼골이 누취하여 당신 눈에 아니드오 뎁뜩이 이말 듣고 여인의 등을 치며 미인 보면 정 있다가 송장 보면 정 떠러지오 언사 좋은 저 여인이 속을 여네 질러 보아 사제갈死諸葛이 주생중달走生仲達[7] 옛글로만 들엇더니 저러한 호풍신에 송장에게 쫓긴단 말 어듸행세 할 수 있소 불상한 이내 신세 바리고 가옵시면 고통자진 터니 그 아니 불상한가 날 살리소 날 살리소 한양 낭군 날 살리소 자네 만일 가려하면 날을 몬저 죽여주소 허리를 길근 안고 온가지 어린양에 백반교태 다 부리니 서울 산 아희라 뒤가락 풀리는듸 허리에

띈 전대로 눈물을 씻기면서 우지마소 안 가라니 죽어면 내가 죽지 자네 죽게 하것는가 집으로 들어오며 의사를 새로 내여 자네 집이 떡메 있나 떡메는 무엇하게 영투지寧鬪智 불투력不鬪力 몬저 생각 못 하엿네 떡메를 내여주니 뎁득이 둘러메고 집 뒤흐로 돌아가서 주해朱亥의 진비晉鄙치듯 경포黥布의 함관函關치듯 뒷벽을 쾅쾅 치니 송장이 벽에 치여 덜퍽 뒤쳐지는구나.

주기5註其五 ——

1. 풍강장이=악공樂工들.
2. 말버슨새=말 내는 조. 씨=말씨. 구기口氣.
3. 중국고대中國古代 형가荊軻란 이가 연태자주燕太子舟의 문객門客이 되어 진시황秦始皇을 협박脅迫하여 제후諸侯의 땅들을 반환返還케 하려고 진秦의 궁정宮廷에 비수匕首를 품고 가서 시황始皇을 소매를 잡고 위협威脅을 하던 바 마침 미인美人의 탄금彈琴하는 소리를 듣다 도로 잡혀 죽고 말았다.
4. 신방곡=심방곡心方曲의 변한 말 즉 신아우조. 양보신보梁譜新譜엔 이를 중대엽中大葉의 속칭俗稱이라고 함.
5. 봉장추=봉장취. 한자漢字로는 봉작취鳳雀吹. 남도南道에서 새타령조를 퉁소로 부르며 춤 장단에 맞추는 것.
6. 시왕뽄=시왕처럼. 시왕十王.
7. 팔상전=八喪殿. 여달 초상이 난 집이라는 뜻.
8. 죽은 제갈이 산 중달이를 달아나게 하였다는 말. 제갈은 중국삼국中國三國 때 촉한승상蜀漢丞相인 제갈량諸葛亮이고 중달은 위魏의 승상丞相인 사마천司馬遷인데 제갈諸葛이 중달仲達과 더부러 싸우다 죽으며 발상發喪은 아직 말고 이어 싸우라 하여 그대로 싸우던바 중달仲達은 본시 제갈諸葛을 두려워하던바 제갈諸葛이 지휘指揮하는 줄만 알고 퇴군退軍을 하였다.

뎁뜩이 좋와라고 땀쓰싀며 장담하여 제만 놈이 어따가서 여인은 더

위한다. 부채질하여 송장 묶어 내려할 제 아므리 장사기로 송장 여덜 질 수 있나 근처 마을 찾어가서 삭군 얻재드니 마침 각서리패[1] 서이 달려드는듸 왼머리를 다 둥치고 가로 약간 남운 털을 감이 상토엇게 하여 이마에 부치고서 영남 돌림이라 영남장만 세것다 떨을떨을 돌아왓소 각셜이라 역설이라 동설이를 짊어지고 뜰뜰 돌아 안경주관경관 경주장 최복衰服입은 상주장 이술잡수 진주장 관민분의官民分義 성주장이라 채쳐 마산장 펄적 뛰여 노리꼴장 명태 엽에 대구장 순시 앞에 청도장 한 놈은 옆에 서서 입장구 낑낑 치고 한 놈은 옆에 서서 살만 남운 헌 부채로 두 꼭지를 탁탁 치며 두 다리를 벗듸듸고 허리짓 고개짓 잘한다 잘한다. 초당 짓고 헌 공부工夫가 실수 없이 잘한다 동삼 먹고 한 공부가 기우차게 잘한다. 목구녁에 불을 켯나 훤하게도 잘한다 뱃가죽도 두껍다 일망무제로 나온다. 네가 저리 잘할 적에 네 선생은 할 말 있나 네 선생이 내로구나 잘한다 잘한다 대목장에 목 쉴나 잘한다 잘한다 너 못하면 나허마.

여인이 몯는 말이 목소래는 명창이나 우리집에 송장 만아 지금 묶어 내려하니 함긔 묶어 지고 가면 싹을 후이 줄 터이니 소견이 어떠한가 저 놉들 하는 말이 송장을 처내이면 여인하고 산다기여 집신짝을 떼부치고 애써애써 여왓드니 남의 손에 때여시니 송장이나 치고갈게 송장하나 대양씩에 술밥고기 잘 먹이요 여인이 허락하니 네 놈이 송장칠 제 한 등짐에 두 마리씩 공석으로 곱게 싸서 세숙마 당테줄로 단단이 얽은 후에 집으로 밖을 싸서 색기로 자로 묶어 새벽달 못 떠러저 네 놈이 질머지고 여인은 뒤를 따라 북망산北邙山을 찾어갈 제 어와성 목어울러 행상이 처량하다. 어이가리 너어 연반군은 어듸 가고 담배불만 밝어시며 행자곡비 어듸가고 두견이는 슬피 우노 어허너 명정공포銘旌功布 어듸 가고 작다기만 짊어 시며 앙장휘장 어듸 가고 헌 공석을 덮어난고 어허너 장감를은 어듸 가고 지게 송장 되어시며 상제복인 어듸 가고 일미인만 딸으는고 어허너 북망산 어떠키여 만고영웅 다가시노 진시황秦始皇의 여산驪山무듬 한무제漢武帝의 무능茂陵이며 초패왕楚霸王의 곡성 무듬 위태조 장수총이 다 모도 북망이니 생각하면 가소로다. 어허너 너 죽어도 이질이요 나 죽어도 이질이라 북망산 돌아들 제 어욱새 더욱새 덥개나무 갈앙닢잔 비방울 굵은 비방울 소소리바람 뒤섞이여 을을렁 시을렁 실피불 제 어네벗님 찾어오리 어허너 주부도유명분상토酒不到劉伶墳上土요 금인今人이 경종신능분상전耕種信陵墳上田의 번화부귀繁華富貴 죽어지면 어듸 있나 어허너 지고 가는 야달분이 다 모도 호걸이라 기주탐색嗜酒耽色 풍유가금風流歌琴 청누화방青樓花房 어찌 잊고 황천북망黃泉北邙 돌아가노 어허너.

한참을 지고 가니 무겁기도 하거니와 질가에 있는 언덕 쉴 자리 매오조와 네 놈이 함께 쉬여 짐 머리 서로대여 일자로 뷰류우고 어깨를 빼려하니 그만 따하고 송장하고 짐군하고 삼물조합三物調合 꽉 도여 다시 변통없엇구나 네 놈이 할 수 없어 서로 보며 통곡한다. 애고애고 어찌할고 천지개벽 한 연후에 이런 변괴 또 있을가 한번을 앉인 후에 다시 일 수 없어시니 그림의 사람인가 법당부체런가 애고애고 설운지고 청하는듸 별로 없이 갈듸만한 사람이라 덥뜩이 자네 신세 고향을 언제가고 각셔리 우리 사정 대목장을 어찌할고 애고애고 설운지고 여보시요 저 여인네 이게다 뉘 탓이요 죄는 내가 지여시니 벼락은 네 맞아라 궂만 보고 앉어시니 그런 인사 있것는가 주인 송장 손님 송장 여인 말을 들을 태니 빌기나 하여보소 여인이 빈다. 여보소 변 낭군아 이것이 웬일인가 험악하게 죽은 송장 안에서 썩을 것을 이 네 사람 공덕으로 염십담부 나와시니 가마니 두어시면 명당을 깊이 파고 시체를 묻을 것을 아기밸 제 덧구지면 나올 때도 더 궂다고 갈수락 이 변괴가 사람 에듸 살것는가 집에서 하든 변은 우리까지 보왓더니 이러한 대로변이 이 우세를 어찌할고 날이 점점 발가오니 어서 급히 떠러지소 안장을 한 연후에 수절하여 쭘세.

뎁뜩이가 중맹을 연에 지여 여인네 치마귀나 만저 보면 변강쇠 아들이요 상인 없이니 발상이라도 하올리다. 여인이 연에 빌어 대사촐보풍객님네[2] 다 각기 맛의 게워 이 지경이 도여시니 수원수구 하자 하고 이 우세를 시키는가 청산에 안장할듸 하관시가 늦어가니 어서 급히 떠러지소 아모리 애걸하되 꼼작 아니 하는구나 날이 훤이 새아노니 뎁뜩이 하는 말이 배곱하 살 수 없네 여인은 족박 들고 동내로 다니면서 밥을 많이 얻어다가 우리들이 먹게 하되 짚 두어뭇 얻어옵소 짚은 무엇하게 몇 해가 지내던지 목숨 끊기 전까지는 이 자리에 있을 터니 비오면 상토 덮게 주절이나 틀어두세 여인을 보낸 후에 각기 설움 의논할 제 이것들 앉인 듸가 원두밭 머리로서 참외 한참 산영하니 막은 아즉 아니 짓고 밭 임자 움 생원이 집에서 잠을 자고 밭 보라 일직올 제 몬지 찌인 묵은 관을 뒷단듯기 높이 씨고 진동 좁고 된짓달아 소매 좁은 소창의와 굽 다 달은 나막신에 진담배대 중동 쥐고 살부집고 오다가서 밭머리에 사람보고 된목으로 악써 물어 네 저것들 웬놈인다. 뎁뜩이 대답하되 담배장사요 그 담배 맛 좋으냐 십상 좋은 상관초上關草요 한 대 떼여 맛 좀 보자 와서 떼여 잡수시요 마암 곧은 움 생원이 담배 욕심 잔뜩 나서 달려들어 손 숙너니 독한 내가 코 수시고 손이 딱 붙는구나 움 생원이 호령하여 이놈 이게 웬일인고 뎁뜩이 경판으로 물어 웨 어찌 하시섯소 괘심한 놈 벌웃이라 점잔한 양반 손을 어찌 쥐고 아니 놓노 뎁뜩이 각설이가 솟벽치며 대소하여 누가 손을 부뜰엇소 이것이 무엇이라 바로하제 송장짐이요 네 이놈 송장짐을 외밭머리 노왓느냐 새벽질 가는 사람 외밭인지 콩밭인지 아는 제어미할 놈 있소. 움 생원이 달래여 그러던지 저러던지 손이나 떠여다고 네 놈이 각문자로 대답하되 아궁불열我躬不閱이요 오비吾鼻도 삼척三尺이요 동병상연同病相憐이요 아가사창我歌查唱이요 움 생원이 문자속은 익어 너의도 붙어느냐 아는 말이요 헐장사가 푹새는듸 송장 장사 어이하며 송장이 어듸 있어 저리 만이 받아지고 어늬 장을 가려하며 송장 중에 붙는 송장 생전 처음 보와시니 내력이나 조곰 알게 자상이 말하여라. 뎁득이 하는 말이 지리산중 예쁜 여인 가장이 변사하여 치상을 하여주면 함끼 사자 한다기에 그집을 찾아간직 송장이 야달이라 간신이 치상하여 객서리 세 사람과 둘식 지고 예 왓더니 나도 붙고 게도 붙어 오도 가도 못할 테니 그 내력을 알 수 있소 움 생원 의사내여 그리하면 존 수 있다. 오고가는 사람들을 보난 대로 후려드려 무수이 부쳐시면 소일도 될 거시요 뗄 외사도 날 거시니 그밖에 수가 없다. 기소불욕己所不欲을 물시어인勿施於人이라니 일은 아니 도여시되 궁무소불위窮無所不爲라니 재조대로 하여보오.

이때에 하동못골 창평고살에 함열성부람 담양옥쳔 함평월앙산가리네패가 창원마산포 미량삼낭 그 근방들 가노라고 그 앞으로 지내다가 움 생원의 관을 보고 거사들이[3] 절을 하여 소사 문안이요 소사 문안이요 그 뒤에 아기네들이 낭자도 곱게 하고 고방머리 엇게 빼고 다리 아파 잘숙잘숙 지팡막대 짚어시며 두 줄의 다리 넣고 겉등에 업혀시며 수건으로 머리 동여 진담뱃대 물어시며 하하 대소 웃으면서 낭낭옥어朗朗玉語 말도 하고 무수이 오난구나 움 생원이 불러 이아 사당들아 너의 장기대로 한마디씩 잘만하면 맛좋은 상관담배 두 귀뷔씩 줄 것이니 수여가 어떠하냐 이것들이 담배라면 밥보담 더 좋거든 그리하옵시다. 판노름 차린 듯기 가는 길 거너편에 일자로 눌어앉어 거사들은 소고小鼓치며 사당은 재차대로 연계사당 몬저 나서 발림을 곱게 하고 산천초목이 성림한듸 귀경가기 질겁도다. 어야이 장송은 낙락 지력이 펄펄 낙락장송이 다 떠러졋다 이야어 성황당 궁벅궁새야 이리가며 궁벅궁 저산으로 가며 궁벅궁 아물해도 너로구나 움 생원이 추워 잘한다. 내 엽에와 앉거라 네 일홈이 무엇이냐 초월初月이요 또 하나 나서며 노량방초 정근 날에 해는 어이 더듸 가고 오동야월 성근비에 밤은 어이 깊어난고 얼사절사 말들어 보와라 해당화 그늘 속에 비 맞인 저 비같이 이리흐늘 저리흐늘 흐늘흐늘 넘논다 이리 보와도 일색이요 저리 보와도 일색이요 아물해도 네로구나 잘한다. 네 일홈은 무엇이냐 구강선이요 한연은 또 나서며 오돌뜰기 춘향춘향 워월에 달은 밝고며 명랑한듸 여긔다 저긔다 연저버리고 마리못돈 경이로다 만첩청산을 숙숙 들가서 느러진 버들나무 드립더 덤벅 휘여잡고 손으로 주르주를 훑어다가 물에다 둥둥 띄여두고 둥덩덩실 둥덩덩실 여긔다 저긔다 연저버리고 마리못된 경이로다. 어허 잘한다 네 일홈이 무엇이냐 일점홍一點紅이요 한연나시며 갈가보다 님을 따라 갈가보다 자진밥을 못다먹어 님을 따라 갈가보다 경방산성 비두리질로 알박이처자 앙금삼삼 게거돌아 간다. 잘한다 네 일홈은 무엇이냐 설중매雪中梅요 한연이 나서며 방아타령을 하여 사신행차 바뿐 길에 마종참이 중화中和 산도 첩첩 물도 중중 긔가왕성이 평양 모닥불에 묻은 콩이 튀여나니 태천太川 청천의 뜬가마귀 울고가니 곽산郭山 찾든 칼을 빼여 내이니 하릴없는 용천龍川 청풍마를 둘러타고 돌아보니 의주 잘한다. 너 일홈은 무엇이냐 월하선月下仙이요 한연은 자진방아 타령을 하여 유각골 처녀난 쌈지장사 처녀 어라두야 방애로다 왕심이 처자는 미나리장사 처자 순담양 처자는 바구리장사 처자 영암강진 처사들은 찬빗장사 처자 어잘한다. 네 일홈은 무엇이냐 금옥金玉이요 한참 이리 농담칠 제

이때에 시임옹좌수時任雍座首[3]가 수유하고 집에 갓다 돌아오는 길이엇

다. 도포입고 안장마에 향청鄕廳하인 후배하야 달래달래 몰아가니 움 생원이 불러 여보소 좌수 자네가 아관으로 긔구가 좋다하야 출패나무서하제 날같은 빈천지교貧賤之交 시약불견視若不見 지내가니 부귀재교인富貴者驕人말 자네 두고 한 말이쇠 좌수가 할 수 있나 말게 나려오니 움 생원이 제 옆에다 앉혀구나 좌수가 물어 노형의 평생행세 내가 대강 짐작하니 이러한 큰길가에 섭창행낙挾娼行樂 의외로쇠 움 생원이 연에 웃어 꿈같은 우리 인생 육십 가까오니 나문 날이 며칠인가 파탈하고 놀아주세 이아옥 천집 좌수임들이시게 시조나 하나 하여라 그렁저렁 작난 후에 좌수가 하직하여 향청일망하여 총총이 돌아가니 노형은 사당하고 행락을 하게 하소 움 생원이 웃어 자네 소견대로 하소 좌수 뿔끈 이러서니 미구녁이 안 떠러져 애거 이게 웬일인고 움 생원은 조와라 고장웃어 두엇구나 허허 내말 들어보소 노형은 내게 대면 식자도 더 들엇고 경낙출일하고 읍내가 오래 있어 관장도 모셔 보고 지사하난 아전친구 웅당이 많알 터니 송장이 붙는 말 자네 혹 들엇는가 좌수 귀가 매오 밝아 깜작 놀래 급히 물어 이것이 송장인가 남은 급히 서두는듸 움 생원은 훨석 널러 그것은 머시던지 종차수작 하려니와 송장이 붙는 말 사긔에 경서에나 혹 얻어 보와난가 옆에 있던 사당寺黨들이 깜작 놀라 이러서니 모도다 붙어구나 요망한 이것들이 각색으로 재변떨 제 애고애고 우난 년 먼산 보며 기막힌 년 움 생원 바라보며 더럭더럭 욕하난 년 제 홰에 제 머리를 으등으등 뜯는 년 살풍경이 이러나니 좌수는 어이없어 암말도 못하고 굿보난 사람 나서 우둑하니 앉엇다가 여보소 이 넉짐이 모도다 송장인가 움 생원 변구하여 하나씩이면 좋게 둘씩이란 말인가 방사한 마리쇠 어느 고을 올시절이 송장풍년 그리들어 몰똑하게 지고 왓노 뎁뜩이 하던 말을 움 생원이 송전하니 좌수와 사당들이 서로 보고 걱정한다. 오난 사람 가난 사삼

굿보노라 아니 가고 먼데 마을 근처 마을 귀경하자 모와드니 그리 저리 모운 사람 전주全州장이 푼푼하다.

귀경군 모운 듸는 호도엿장사 몬저 아난 법이라 갈삿갓 쓰고 엿판 메고 가새 치며 웨고 온다. 호도엿 사오 호도엿 사오 게피 건강의 호도엿 사오 가락이 굵고 제 몸이 유하고 양념맛으로 대푼 콩엿을 사랴우 깨엿을 사랴우 늙은이 해소에 수수엿 사오 여러 사람들이 호도엿 사먹으며 하는 말이 이것이 원혼이라 삼현三絃[5]을 걸게 치고 넉들이를 하여시면 귀신이 감동하여 웅당 떠러질 듯하다. 목좋은 제대[6]네를 급급히 청해다가 좌수가 자당하여 굿상을 차려놓고 멋잇는 고인들이 굿거리를 걸게 치고 목좋은 제대네가 넉드리 춤을 추며 어라만수 저라만수 넉수야 넋이로다 백양청산 넋이로다 옛사람 누귀누귀 만고원혼 도여는고 공산야월 불여귀는 촉망제蜀望帝의 넋일넌가 무관춘풍武關春風 우는 새는 초회왕楚懷王의 넋이로다 어라만수 저라만수 청청항초 나군색은 우미인의 넋일는가 환패공귀월야혼은 왕소군王昭君의 넋이로다 어라만수 저라대신 넋일낭은 넉반에 담고 시첼랑은 화단에 모셔 밥전 넉전 인물전과 왼필무명 오색번에 넋을불러 청좌하자 어제 잡아갈제 뉘가 감이 거역할가 어라만수 저라대신 만승천자 삼공육경 기구로도 할 수 없고 천석노적 만금부자 값을 주고 면컷는가 멀고먼 황천길을 가자하면 따라가네 에라만수 에라만수 지장보살 장한공덕 보도중생 하라하고 지옥문 닫아놓고 서양길을 가르칠듸 불상한 야달목숨 비명非命에 죽어시니 어늬 대왕 매여시며 어늬 사자 따라갈가 어라만수 저라만수 지하에 맨듸 없고 인간에 주인없어 원통이 죽은 혼이 신체 직혀 있는 것을 무지한 인생들이 경대할줄 모르고서 손으로 마저 보고 걸터앉기 괘심하다 어라만수 저라만수 옹좌수 자넬랑은 일읍一邑의 아관亞官이요 움생원 자넬랑은 양반의 도리로서 경이원지敬而遠之 귀신대접 어이그리 모로던가 어라만수 저라대신 사당거사 영창가객 외입장이 네의 행세 취실할 수 웨 있으리 비옵내다 여덜 혼령 무지한 저인들 허물도 과도 말고 가진배반 진사면의 제대춤의 놀고 가세 어라만수 저라만수 위도라니 짐군 넋만 낭겨놓고 우에 붙은 사람들은 모도 다 떠러져서 계대의게 치하하고 뎁뜩이 각서리게 각각 하직 하난구나.

이것들이 식구 많이 있을 때는 소일하기 조왓더니 비 오난 날 파장같이 경각간에 흩어지니 심심하여 살 수 있나 뎁뜩이가 그리하여도 서울손이라 애근이 사정으로 송장에게 비난목이 의지하여 듣것거든 천고의 의기남자 원통 죽은 혼이 지기지우知己之友 못 만나면 위로할 이 뉘 있으리 역수상易水上 찬바람에 연태자燕太子를 하직하고 함양咸陽에 죽어시니 협객형경俠客荊卿[7] 불상하고 계명산雞鳴山 밝은 달에 우미인虞美人을 이별하고 오강자문烏江自刎하니 패왕항적覇王項籍 가련하다. 이 세상의 변 서방은 협기 있난 남자로서 술먹기에 접장接長[8]이요 화방패두花房牌頭[9]시니 간듸마닥 이름 있고 사람마다 무서한다. 꽃같은 저미인과 백년을 사잿더니 이슬같은 이 목숨이 일조에 돌아가니 원통하고 분한 마음 눈을 감을 수가 없어 뻣뻣선 장승송장 중동지 자네신세 부체님의 제자로서 선공부경문오여 계행戒行을 닦앗더면 혼구름 푸른뫼에 간듸마다 도방이요 비단가사 연화탑에 열반하며 부체돌듸 잠시 음욕陰欲 못 금하여 비명행사非命橫死 꺼적송장 출첨지[10] 자네정경 동영고사 집업이라 낫에는 탈을 쓰고 목에는 장구 메고 돈푼 쌀줌 얻자하고 이집저집 당길 적에 딸난 것이 아히들과 짖난 것이 개소래라 탄 분복이 이러한듸 가량없는 미인생각 제명대로 못 다 살고 남우 집의 두름 송장 풍객하란 다섯 분은 오입 맛이 한통속 왕별목 장춘양가 가객이 앞을 서고 개얏고 신방곡 통소 소래 봉장취[11] 연풍대 칼춤이며 서서치는 북장단에 주막거리 장관이며 큰동내 파시평[12]에 동무지여 다니면서 풍류로 먹고 사니 눈치도 환할 터요 정게도 알 터인듸 송장을 처낸대도 제집은 하나뿐 누귀 혼자 존골 뵈자 합껍의 달려들어 한날한시 무태송장 야달송장 각기설움 다 원통한 송장이라 살앗을 제 집이 없고 죽은 후에 자식 없어 높은 뫼 짚은 구렁 이리저리구나 뼈를 묻어줄 이 뉘 있으며 슬픈 바람 지는 달에 애고애고 우난 혼은 종상할 이 뉘 있으리 생각하면 허사로다. 심사부려 쓸 때 있나 이생 원통 다 바리고 지부명왕 찾어가서 설설이 원정하여 후생의 복을타서 부귀가에 다시 생겨 평생행락하게 하면 당신네 신체들은 청산에 터를 잡아 각각 후장 한 연후에 연년긔일年年期日 돌아오면 내가 봉사할 것이니 제발 덕분 떠러지오.

애근이 빈 연후에 네 놈이 뿔근 이러서니 모도 다 떠러젓다. 북망산 급히 가서 송장 짐을 부리우니 석 짐은 다부리고 뎁뜩이 진 송장은 강쇠와 초라니라 등에 붙어 뗄 수 없다. 각서리 세 동무는 여섯 송장 묻어주고 하직하고 간 연후에 뎁뜩이 분을 내여 사면을 둘러보니 곳곳한 큰 솔나무 나라니 두주 서서 한가운데 부인 틈이 사람 하나 지나것다.

주기육註其六 ——

1. 각서리패=장돌림의 일종一種. 즉 장타령이나 부르며 행걸行乞 하는 이.
2. 대사촐보풍객님네=중과 초라니와 악공樂工님네.
3. 거사=거사乞士의 전轉변한 말. 시임옹좌수=시임은 현직現職으로 있음. 좌수는 옛날 각군各郡에 향소鄕所의 장長이오 옹좌수는 옹雍가의 좌수.
4. 사당=극히 천한 창기娼妓.
5. 심현=육각六角을 이름인데 북·장구·해금奚琴·피리 한 쌍·적笛.
6. 제대=계대, 기생妓生. 제대네는 기생妓生들.

7. 협객=의협義俠한 사람. 형경=형가荊軻.

8. 접장=동접同接의 장長. 같은 동무의 어른.

9. 화방패두=화류장花柳場의 우두머리.

10. 촐첨지=초라니 귀신을 경칭敬稱함.

11. 봉장취=봉작취鳳雀吹. 무곡舞曲 즉 새타령조. 연풍대-검무劍舞 끝에 추는 회선무回旋舞 즉 뺑뺑 돌아가며 추는 춤.

12. 파시평=파시평波市坪, 해변海邊 또는 강변江邊의 있는 생선 시장市場.

[일이본—異本(성두본星斗本)에는 끝장이 이렇게 되었다 김삼불 군 제공金三不 君 提供]

사람 하나 가겻거든 두 주먹을 불근 쥐고 울울울 달음박질 솔 틈으로 쑥 나가니 질머진 송장 짐이 우두둑 삼동나서 우아래 두 도막은 땅에 절퍽 떠러지고 가운데 한 토막은 북통같이 등에 붙어 암만해도 뗄 수 업다 요간폭포괘장천遙看瀑布掛長天 좋은 절벽絶壁 찾어가서 등을 갈기로 드난대 가리질 사설이 들을 만하여

어기여라 가리질 광산匡山에 쇠방애고 문장공부文章工夫 가리질 십년을 마일검磨一劍 협객俠客의 가리질 어기여라 가리질 춘풍에 저 나무가 향내만 찾아가다 거무줄을 볼라시며 산양山陽에 저장끼가 소래만 찾아가다 포수砲手우래 몰라구나 어기여라 가리질 돈자죽은 여덜 송장 전감前鑑이 밝앗는데 철모르는 이 인생이 복철覆轍을 밟아구나 어기여라 가리질 네번체 죽은 목심 간신이 살아시니 좋을시고 공세상에 오입참고 사람되세 어기여라 가리질 훨신 갈아 바린 후에 여인에게 하직 하야 풍류남자 가리여서 백년해로百年偕老 하게 하오

나난 고향 돌아가서 동아부자同我婦子 지낼 테요 떨떨이고 돌아가니 개

과천선改過遷善이 아니가 월越나라 망한 후에 서시西施가 소식 없고 동탁董卓이 죽은 후에 초선이 간 데 없다.

이 세상 오입객이 미혼질迷魂津을 모르고서 야용冶容혜음 분대굴粉黛窟에 기인도차오평생幾人到此誤平生고 이 사설 들어시면 징계가 될듯하니 좌상에 모흔 손님 노인은 백년향수百年享壽 소년은 청춘불로青春不老 수부귀다남자壽富貴多男子에 성세태평 하옵소서 덩지덩지

정정訂正

오사수 혈 제오행第五行 끝에 「……연반군은 어듸가고」에 이어 「담배불만 밝어시며 행자곡비 어듸가고」를 삽입插入함

해설解說

일팔일이一八一二 내지乃至 일팔팔사一八八四 년간年間에 우리 예술계藝術界에는 한 기걸奇傑한 인물人物이 있었다. 그는 신재효申在孝였다. 자字는 백원百源·호號는 동리桐里요 본本은 평산신씨平山申氏였으나 그리 적적赫赫지는 못하고 그 선대先代는 경기도京畿道 고양高陽 또는 서울에서 살어오다 그 아버지 신광흡申光洽이 무슨 사정事情으로 말미암아 전북全北 무장茂長으로 낙향落鄕하여 고창읍내高敞邑內로 옮겼다. 그는 근 이십近二十하여 그 아버지를 따라왔다. 그는 과시 효성孝誠과 치산治産과 자선慈善과의 근성根性이 놀라와 천여석千餘石의 치가致家를 하며 효우孝友와 돈목敦睦은 물론이고 인아姻婭 친척親戚 친구親舊 인리隣里까지라도 구제救濟하였으며 그 덕행德行이 조정朝廷에도 들리어 오위장五衛將 또는 가선대부嘉善大夫까지 제수除授되었다.

그러나 이런 행실行實만으로는 그의 성격性格과 포부抱負를 다 들어냈다 할 수 없다. 이런 행실行實만을 가지기도 용이容易치 않다 하겠지마는 이보다 더 우리가 놀랄 만한 것은 그때에 있어 한 기적적奇蹟的인 큰 사업事業을 하였던 바이다.

그건 무엇인가? 그때 숭상崇尙하던 충효열忠孝烈이나 한시문漢詩文밖의 몹시 천대賤待 멸시蔑視하던 광대廣大와 극가劇歌와 우리 말글을 홀로 사랑하고 키우고자 일생一生의 정력精力을 전혀 여기 바치었던 것이었다. 우리가 이 근래近來 자유自由와 독립獨立의 의식意識이 농후濃厚하여지며 우리 고전古典을 검토檢討하여볼 때 우리 선현先賢의 그 많고 많은 문집文集이나 잡기雜記에서 무엇을 보겠는가? 대개 공맹孔孟의 교훈敎訓이 아니면 음풍농월吟風弄月의 시구詩句 나부랑이오 우리 말글로 된 시문詩文들도 대개 그들의 사상思想이나 시문詩文을 모방도배模倣蹈襲한 것이었다. 그러나 이 신오위장申五衛將은 오로지 우리 민족성民族性을 발휘發揮하여 극문학劇文學을 크게 이루어준 우리의 큰 은인恩人이었다.

지금도 고창읍내高敞邑內에 남어 있는 그 자최와 같이 온 식구食口가 한 울안에 살며 그는 한옆에 큼즉한 전후前後퇴 겹집을 짓고 앞에는 벽오동碧梧桐도 심고 정자亭子도 짓고 포도葡萄시렁 두충나무 홍예문虹蜺門도 하고 그 사이로는 시냇물도 끌어들여 그 물이 마루 밑으로 졸졸 흐르게 하고 그 물소리를 들으며 마루나 방에 누웠다 앉았다 하고 그는 그 총예聰睿로 공정工程을 쌓아 가장 우리 음율音律을 정통精通하였다. 그가 서울서 그때 퍽 성하던 구후감九猴監의 관련關連도 있는가 하며 우리 음율音律 가운데 광대廣大소리를 특히 잘 알어 그 집에서 우수優秀한 광대廣大와 기생妓生들을 많이 길러냈었으며 종래從來의 되는 대로 불러오던 광대廣大소리를 여섯 마당 즉 춘향가春香歌, 심청가沈晴歌, 박타령, 가루지기타령, 토기타령, 적벽가赤壁歌와 같은 절차節次로 하고 그 대문과 어구語句도 실정實情 실감實感에 맞게 고쳤고 그의 독특獨特한 창의創意를 보이었다. 과연 의고擬古가 아닌 그의 자주적 반항적 사상自主的 反抗的 思想은 역대 잠류歷代 潛流하여 오던 우리 민족성民族性을 대표代表하였달 수 있으며 우리 민족문학民族文學 수립樹立을 창시創始하였달 수도 있다.

이마적 진주晉州 이선유 씨李善有氏 찬撰인 오가전집五歌全集에는 춘향가春香歌, 심청가沈淸歌, 화용도華容道, 수궁가水宮歌, 박타령이라 하였으나 이는 신오위장申五衛將 그것에 가루지기만 빠졌고 정노식씨鄭魯湜氏 찬撰인 조선창극사朝鮮唱劇史에는 십이十二마당 즉 쟁끼타령打令, 변卞광쇠타령打令, 무숙武叔이타령打令, 배비장타령裴裨將打令, 심청전沈淸傳, 흥보전興甫傳(박타령), 토별가兎鼈歌(수궁가水宮歌, 토기타령), 춘향가春香歌, 적벽가赤壁歌(화용도華容道), 강릉매화전江陵梅花傳, 숙영낭자전淑英娘子傳, 옹고집타령打令이라 하였으나 이는 다 신오위장申五衛將 이후의 증연增衍한 것으로서 무당의 십이十二 굿과 농군악農軍樂의 십이十二 가지와 같이 꾸민 것이었다. 구전口傳으로나 기록記錄으로 보드라도 신오위장申五衛將 그가 우리 광대廣大소리와 그 문학文學을 비로소 경장更張하였음은 명백明白한 사실事實이었다.

이에 신오위장申五衛將의 유고遺稿를 다시 교주校註하여 이를 국제문화관출판부國際文化舘出版部에 맡겨 민족문학총서民族文學叢書 제3집第三輯으로 간행刊行코자 하는바 먼첨 그의 가루지기타령을 인쇄印刷에 붙이려 한다.

가루지기타령은 또 변卞강쇠타령, 변강전, 횡부가橫負歌라기도 하는데 그 경개梗槪는 조선 서도西道에서 난 천하잡년 옹녀雍女와 남도南道서 난 천하잡놈 변卞강쇠가 각기 적지 않은 경력經歷이 있으나 오히려 불만不滿부족不足하여 남남북녀南男北女라 하고 변卞은 북北으로 옹雍은 남南으로 가고 오다 십여리계곡 개성十餘里溪谷 開城의 서북 청석관西北 青石關에서 단 둘이 만나 즉시 혼사卽時 婚事를 하고 살 곳을 찾아 이리저리 돌아다니다 마침내 지리산智異山 속으로 들어가 살더니 하루는 변卞강쇠가 장승을 질머저다 패여 때고 그 동토動土가 나서 중병重病하다 변卞강쇠도 장승과 같은 험악險惡한 몸이 되어 뻣뻣이 서서 죽었다. 옹녀雍女는 그 남편 장사葬事만 지내주면 데리고 산다 하는 바람에 중 초라니 풍각장이들이 덤벼

들어 다 폭사暴死하고 또 각서리패 마종들이 덤벼들어 송장 여덟을 나누어 가루 지고 북망산北邙山으로 찾아가는데 죽을 고생을 다 하고 그중 마종 뎁뜩이는 변강쇠와 초라니 송장을 가루지고 북망산北邙山 언덕에 또한 장승이 되어 서서 있었다라는 것인바 이는 한 음담淫談으로만 돌려 버릴 것이 아니고 우리 고전문학古典文學으로는 퍽 희귀稀貴한 존재存在였다. 우리 고전문학古典文學이란 한중록恨中錄 의유당일기意幽堂日記와 같은 몇몇 작품作品 밖에는 거의 천편일률千篇一律로 복선화음福善禍淫 기연행운奇緣幸運을 말하였을 뿐이고 제법 이러한 이상異常한 색채色彩를 나타낸 전연 조선적朝鮮的인 문학文學은 그리 많지 못하였다. 이는 비록 남녀男女의 염정艶情을 말한 것이라 하드라도 촌담해이村談解頤 어면순禦眠楯 어수록禦睡錄 명엽지해蓂葉志諧 따위와 같은 단편斷片 설화說話도 아니고 한 탁의托意를 하여 구조묘사構造描寫를 한 또는 산문체散文體와는 다른 글위로서 극적劇的 요소要素를 내포內包한 훌륭한 극가문학劇歌文學이었다.

그리고 종전從前의 전례이던 왕후장상王侯將相인 고급층高級層을 취재取材한 것과도 다른 시시한 저급층低級層과 토속土俗의 재료材料를 가지고 그 당시當時 오즉 탐음황락耽淫荒樂이나 일삼던 극히 부패腐敗한 사회社會를 꼬집어 풍유諷喩하였던 것이었다.

근조近朝 숙종肅宗 때로부터 우리 서민문학庶民文學이 굴기崛起하여 왔으며 시가詩歌 또는 산문散文으로 그 질質과 양量이 다대多大하되 그중 최고봉最高峰은 이 신오위장본申五衛將本인 바 이 가루지기타령은 지금 와서는 이를 부르던 광대廣大도 거이 다 죽고 이 기록記錄으로는 신오위장본申五衛將本에서 밖에는 얻어볼 수 없다. 이도 그가 친親히 쓴 고본稿本은 없어지고 그 뒤 전사傳寫한 것만이 전하며 천와舛訛와 오락誤落이 많아 그 뜻을 밝힐 수 없는 곳도 더러 있다. 이런 건 아직 그대로 두어두고 뒷날 다시

보정補正하여 볼가 한다.

1948. 8. 13 - 가람

가루지기타령

民族文學叢書(3)
1949年 5月 10日 發行

臨時定價 120圓
校註者 **李 秉 岐**
發行者 **河 敬 德**
印刷者 **서 울 印 刷 社**
(1947年9月30日登錄36號)
發行所 **國 際 文 化 舘**
서울市中區忠武路2街3
電話本局② { 6141 6142 / 6143 4146 }
1947年12月31日 登錄第582號

잡지 주해

일러두기

1. 여기에 수록된 글은 신문잡지에 발표된 가람 이병기의 주해를 연도순으로 제시한 것이다.
2. 원문의 표기법을 존중하여 수록하되, 띄어쓰기는 가독성을 고려하여 현재의 한글맞춤법과 표준어규정에 따르는 것을 원칙으로 하였다.
3. 반복되는 한자는 국문으로 일부 바꾸기도 하였다.
4. 출전은 각주로 표시하였으며, 발표일자는 신문은 연월일까지, 잡지는 연월까지 밝혔다.

목차

습수록拾穗錄

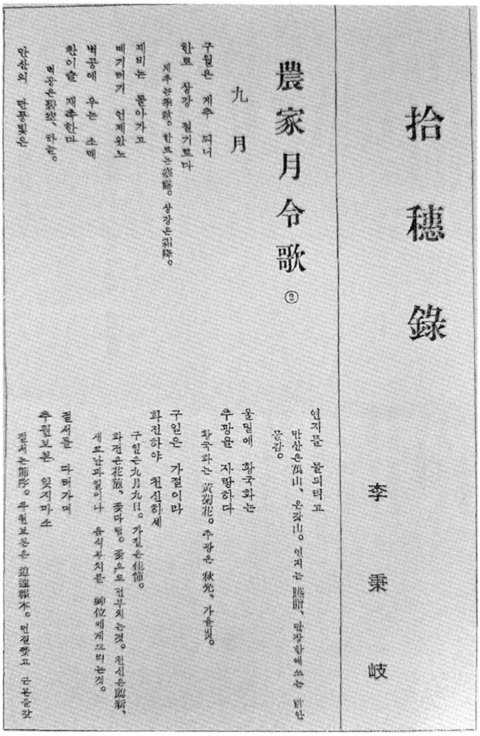

拾穗錄

李秉岐

農家月令歌 ②

九月

구월은 계추 되니
한로 상강 절기로다
계추는季秋。한로는寒露。상강은霜降。
제비는 돌아가고
떼기러기 언제왔노
벽공에 우는 소래
찬이슬 재촉한다
벽공은碧空、하늘。
만산의 단풍빛은
연지를 물되리고
만산은滿山、온갖山。연지는臙脂、단장할에쓰는 붉안 물감。
울밑에 황국화는
추광을 자랑하다
황국화는黃菊花。추광은秋光、가을빛。
구일은 가절이라
화전하야 천신하세
구일은九月九日。가절은佳節。
화전은花煎、꽃다림。꽃으로 전부치는것。천신은薦新、
새로난과일이나 음식부치를 神位에게드리는것。
절서를 따러가며
추원보본 잊지마소
절서는節序。추원보본은追遠報本。먼절맺고 근본을갚

「습수록 농가월영가 ② 9,10」
(농업조선 2권 10호, 1939.10.)

옛날부터 전해 오는 노래 가운데 농사農事에 당한 노래가 적지 않다. 이것이 우리말글로도 누구나 다 보암즉 하려니와 직접 농업으로 종래從來하시는 이들에게 보다 더 긴요한 참고와 도움이 될가 한다.

그 중 위선 농가월령가農家月令歌를 지금 절후節候를 따러 해당該當한 그 부분부터를 내려하는 바 말하자면 이 월령가月令歌는 서사序詞 일엽一葉과 정월 내지 십이월의 십이엽十二葉과를 합하여 일결一闋이 된 장가長歌이다. 이를 한 칠십팔구년 전 철종 때 사람 소당 김회수嘯堂 金迴洙가 그 서사序詞만 않고 기타 십이엽十二葉은 다 한시로 번역을 하여 월여농가月餘農歌 또는 소당嘯堂 풍속시風俗詩-농가십이월속시農家十二月俗詩라 하였으며 그 원사原詞대로 꼭 축조逐條하여 직역直譯한 것이 아니고 어느 구절은 자의自意로 증가산삭增加刪削하기도 하였다.

이에 그 원사原詞며 소당嘯堂의 번역과를 함께 적고 알기 어려운 말은 더러 주해註解를 더하여 이걸 읽기에 편토록 하였다.

이 월령가月令歌는 한 십일 년 전 중앙인서관中央印書舘서 단행본으로 인출印出한 것도 있으며 그밖에 사본으로 전하는 것도 많으며 그 어구가 서로 넘나들고 와오訛誤되기도 하였다. 인본印本, 사본寫本 어느 것을 물론하고 아직 완본完本이라 할 만한 건 없는 터이다. 중앙인서관中央印書舘은 정 다산丁茶山 선생先生의 아드님인 운포耘圃가 지었다 하고 그 집으로서 나온 것이라고 하는 이도 있으나 소당자서嘯堂自叙의 '今者 諺傳農歌 未知誰人之所錄'이라는 것을 보든지 많은 그 사본寫本의 내용을 보든지 하면 꼭 운포耘圃의 작作으로만 믿을 수 없는 것이다.

그러나 이 노래도 우리의 한 소중한 문헌이다. 이런 문헌들이 휴지休紙와 산망散亡하기 쉬운 이때 이런 걸 낙수落穗처럼 주어 모여 특히 본지本誌를 빌어 앞으로 연재코저 하며 이를 애독愛讀하는 여러분께서 더욱 보정補正하여 주시기를 바라는 바이다.

농가월령가農家月令歌 ①[1]

칠월七月

부모봉양 잊을손가

부모봉양은 父母奉養.

기운이 쇠패하면
바라느니 젊은이라

의복음식 잠자리를
각별히 살펴들여

의복음식은 의복衣服과 음식飮食. 각별히는 특별히.

행여나 병 나실가
밤낮으로 잊지 마소

1 「拾穗錄 農家月令歌 ①」, 『농업조선』 2권 9호, 1939. 9. 1.

곡가오신 마음으로
걱정을 하실 적에

곡가오신은 편벽되신.

중중거려 대답 말고
화기로 풀어내소.

화기는 和氣.

들어온 지어미는
남편의 거동 보아

지어미는 안해. 거동은 擧動, 행동行動.

그대로 본을 뜨니
보는데 조심하소

형제는 골육이라
두 몸이 난홧스니

골육은 뼈와 살, 骨肉.

귀중하고 사랑함이
부모의 버금이라

간격없이 한통치고
네 것 내 것 게교 마소

간격은 間隔. 게교는 계교計較, 비교해보는 것.

남남끼리 모힌 동서
틈나서 하는 말을

귀에 담어 듣지 마소
자연히 귀순하리

귀순은 歸順, 좋아하여지는 것.

행신의 몬저 할일
공순이 제일이라

행신은 行身, 행하는 일. 공순은 恭順.

내 늙은이 공경할 제
남의어른 다를소냐

공경은 恭敬.

말슴을 조심하야
인사를 잃지 마소

인사는 人事, 사람의 도리.

허물며 군신분의
존귀가 현격하다

군신분의는 상하上下의 분의分義. 존비는 尊卑, 높고 낮음. 현격은 懸隔, 퍽 틀리는 것.

내 도리 극진하면
죄책을 아니 보리

죄책은 罪責, 죄와 책망.

님군의 백성 되야
은덕으로 살았으니

은덕은 恩德.

거미같은 우리백성
무엇으로 갚아 볼가

일년의 환자신칙
그 무엇 맡아 할고

일년은 一年. 환자는 還子, 또는 환상還上이라기도 하는데 옛날 사회社會에 곡식을 봄에 인민人民에게 대여貸與하였다가 가을에 반납返納케 하는 것. 신칙은 申飭, 경계하고 동독하는 것.

한전의 필납하니
분의에 마땅하다

한전은 기한期限 전. 필납은 畢納, 다 드리는 것.

허물며 전답구실
토지로 분등하니

전답은 田畓. 구실은 세금稅金. 토지는 土地. 분등은 分等. 등수를 나누는 것.

소출을 생각하면
십일세도 못되였네

소출은 所出, 난 바. 십일세는 열에 하나쯤 되는 세稅.

그러하나 못 먹으면
재주어 탕감하니

재주어는 화재災害로 쳐주는 것. 탕감은 蕩減, 전부全部 받지 않는 것.

이러한 일 자세 알면
왕세를 거납할가

왕세는 王稅, 즉 세금稅金. 거납은 拒納, 내지 않는 것.

한 동리 몇 호수가
각성이 거생하야

호수는 戶數. 각성은 各姓, 거생은 居生

신의를 아니하면
화목을 어찌 할고

신의는 信義, 믿업고 옳은 일. 화목은 和睦, 서로 친함.

혼인대사 부조하고
상장우환 보살피며

혼인대사는 婚姻大事. 부조는 扶助. 상장우환은 喪葬憂患, 초상初喪나고 제사祭事 지내고 또는 병病이나 걱정되는 일.

수화도적 구원하고

유무칭대 서로하야

수화도적은 水火盜賊. 구원은 救援. 유무칭대 있고 없고를 말하고 빌려주는 것.

날보다 요부하다

용심내여 시비 마소

요부는 饒富. 용심은 用心. 마음을 먹는 것. 시비는 是非, 이렇다 저렇다 말하는 것.

그중에 환과고독

자별히 구휼하소

환과고독은 鰥寡孤獨, 홀아비, 홀어미, 어리고 부모 없는 이, 늙고 자식 없는 이. 자별히는 自別히 남달리. 구휼은 救恤, 불상히 여기고 구완함.

제각각 정한분복

억지로 못하나니

분복은 分福, 태여난 복.

자네들 헤여 보아

내말을 잊지 마소

이대로 하여 가면

잡생각 아니 나리

주색잡기 하는 사람
초두부터 그러할가

주색잡기는 酒色雜技, 술과 여자女子와 노름 부치를 좋아함. 초두는 初頭, 처음.

우연히 그릇 들어
한번하고 두 번 하면

마음이 방탕하야
그칠 줄을 모르나니

방탕은 放蕩.

자네들 조심하야
적은허물 짓지 마소

동역同譯

時維孟冬爲陽月　立冬小雪是二節
六候水氷地始凍　野鷄化蜃虹光絶
天氣上升地氣降　陰陽閉塞生育窮
納禾稼後有底事　珍藏未果是菁菘
採來精洗筧頭水　淸鹽鹹淡要適中
豉鮓瀋淹又韲何　番椒石蓴蒜薑葱
各盛大小瓮罌甀　向陽廠房裏埋深

蘿葡桔梗芋孋栗　勿凍地窨亦須尋
炕洞通扒壁塗埏　鼠穴塞堛窓黏紙
薥幹補籬芚遮欄　豆穀枝束別柴累
社祭日穿新襴衣　只取其潔未爲侈
同稧合錢知夥然　漉酒蒸餠不啻兼
拉爲蕃麥宰牛豕　盛饌高排期於饜
勝地大冪遮日幕　幾人起會盡沾沾
老少次序辨燕毛　男女異席自相謙
風樂一部花郎隊　絲竹曁肉彈吹搷
金賑同知李風憲　開叙寒暄笑掀髯
崔勸農監姜約正　醉中大言爭炎炎
舍音庄丁佃作輩　鼻歌尻舞不須嫌
行柢幾巡洞丈曰　諸君爲我聽我談
此日此會伊誰賜　天佑邦慶及窮閻
況無强鐵逢樂歲　陰功福力洪不纖
儒林鄕約非吾知　洞憲家訓無妨嚴
人於世間靈萬物　孝悌忠信禮義廉
凡此人子誰所生　父母恩德天地恭
豈待我養子女後　鵠羽蓼莪感無禁
千辛萬苦保長成　到畢婚嫁幾費心
鳥尙反哺羔跪乳　況人不如獸與禽
立身揚名旣未能　雖供菽水在余忱
訓鯉和熊差爲戒　不至貽憂及辱矣
彼蠶者婦焉知義　孝非孝間唯夫視

正己然後能正人　須加審愼無或弛
兄弟一氣分兩身　尤當友愛不藏怒
至於錢糧多寡間　莫以物我心爲主
宜念忍與不忍字　張公田氏前鑑是
妯娌唯義本非族　倘有噂沓休傾耳
老老幼幼盡我道　嚵嘖無由及於己
其爲國民雖所養　吾王恩澤深河海
如我螻蟻之微物　欲圖報答免罝罪
每年糴事兼身役　田稅賭地分等授
計其所出纔什一　逢歛給災又減斗
限前準納無攤徵　其何爲多何難有
一里幾戶諸姓居　遠親近隣其在玆
冠婚娠娩每賀也　痌瘝喪祭必慰之
水火盜賊急難救　貧富有無貸償隨
箇中鰥寡孤獨人　最宜幫助恤窮奇
賦命八字勝我者　愼勿暨染且怨訾
耕牛倉鼠分雖定　謀事在人成在天
惑彼酒色博奕徒　或失義方或心偏
一自暴棄自作孽　依歸百年可憐虫
君休謂余老嘮叨　服膺庶無責反躬

농가월령가農家月令歌 ③[2]

십일월十一月

십일월은 중동이라
대설, 동지 절기로다

중동은 仲冬. 대설은 大雪. 동지는 冬至.

바람 불고 서리 치며
눈 오고 얼음 언다

가을에 거둔 곡식
엇마나 하였던고

엇마나는 얼마나.

몇 섬은 환자하고
몇 섬은 왕세하고

2 「拾穗錄 農家月令歌 ③」, 『농업조선』 2권 11호, 1989. 11.

환자는 還子. 왕세는 王稅.

얼마는 제반미며

얼마는 씨앗이며

제반미는 祭飯米, 제사祭事때 짓는 쌀.

도지도 되어 내고

품잡도 갈히리라

도지는 賭地, 남의 전답田畓을 짓고 내는 것.

시겟돈 장리벼를

낟낟이 수쇄하니

시게돈은 장에서 곡식을 판 돈. 장리는 長利, 금곡金穀을 대차貸借함에 당한 변리邊利. 장리벼는 봄에 꾸어온 벼를 가을에 그 일부분을 갚어주는 것. 수쇄는 收刷. 수봉收捧. 받는 것

엄부렁 하든 것이

남 저지 바히 없다

바히는 전혀.

그러한들 어찌하리

농량이나 엿토리라

농량은 農糧, 농사지을 양식. 엿토리는 갊어두는 것.

콩기름 우거지로

조반, 석죽 다행하다

콩기름은 콩나물. 우거지는 무배추 줄거리 말린 것. 조반은 朝飯. 석죽은 夕粥. 조반석죽은 아침에는 밥 지어먹고 저녁에는 죽 끄려먹는 것.

부녀야 너의 할일

며주 쓸 일 바쁘도다.

부녀는 婦女. 며주는 콩을 삶어 찧어 만드는 것. 훈조燻造.

익게삶고 매우 찧어

띄워서 재와 두소

동지는 명일이라

일양이 생하도다

동지는 冬至, 명일은 名日. 일양은 一陽.

시식으로 팟죽 쑤어

린리와 즐기리라

시식은 時食. 그 시절時節에 먹는 음식. 린리는 隣里.

새책력 반포하니

래년 질후 어떠한고

새책력은 신책력新冊曆. 래년은 來年.

해절러 덧이 없고
밤 길어 지루하다

덧은 겨를, 새, 틈.

공채 사채 료감하니
관리 면임 아니 온다

공채는 公債. 사채는 私債. 료감은 了勘. 다 마친 것. 관리는 官吏.
면임은 面任. 면面의 임원任員.

시비를 닫았으니
초옥이 한가하다

시비는 柴扉, 가시나무로 저른 사립문. 초옥은 草屋.

단구의 조석하니
자연히 틈이 없다

단구는 短晷, 짧은 별. 조석은 朝夕.

등잔불 긴긴 밤에
길삼을 힘써하소

등잔은 燈盞.

벼를 곁에 물레 놓고
틀고 타고 잣고 짜네

자란 아희 글 배우고
어린 아희 우는 소래

여러 소래 지꺼리니
실가의 자미로다.

실가는 室家.

늙은이 일없으니
기즉이나 매여보자

기즉은 왕골자리, 왕골로 만드는 자리.

외양간 살펴보아
여물을 가끔 주소

외양간은 外養間, 우마牛馬를 사육飼育하는 곳.

짓주어 받은 거름
자로 쳐야 모히리라

짓주는 짚을 펴어주는 것.

同譯

時維仲冬爲暢月 大雪冬至是二節
傭價給來當債報 契場長息俱收殺
六候虎交麋角解 鶡鴠不鳴蚯蚓結

荔乃挺出水泉動　身是雖閒口是累

誰知粒粒辛苦穀　如蜂釀蜜還屬彼

幾石供稅幾石糴　幾石賭地與籽子

南至之日一陽生　添線飛灰理自在

浴蚕流水井華水　伐竹不蛀是驗槩

鳥卵稉心赤豆粥　非徒除疫味亦佳

舊曆猶存新曆頒　明年節序何如耶

古來最精今時憲　湯若望算蔑以加

初也似多終無幾　祭需農資儲念掛

蛛不布網活人嗓　僅能饔飧敢云憊

往往執彎未易辨　潔腹吸烟打空話

雖然醬菽蒸且舂　捻塊盦藁不可廢

婦子短晷寒廚裡　滾炸銼鈷盛盎鍘

只爲再食餘無暇　永夜紡績又不停

檠前桄機閒軒車　纚織竹篋和鐵筳

長兒讀書幼學語　三聲室家宜所聽

何村冬烘先生在　或抄兎冊看牛經

십이월十二月

십이월은 계동이라

소한, 대한 절기로다

계동은 季冬. 소한은 小寒. 대한은 大寒.

설중의 봉만들은
해 저문 빛이로다

설중은 雪中. 봉만은 峰巒.

세전의 남은 날이
얼마나 걸렸느냐

세전은 歲前, 설전.

집안의 부녀들은
세시의복 작만하니

부녀는 婦女. 세시의복은 歲時衣服, 설 때 입을 옷.

명지 무명 끈어 내여
온갓 물색 들여 내니

명지는 명주. 무명은 백목白木.

자주 보라 송화색의
청화 반물 옥색이라

자주는 紫朱. 자줏빛. 보라는 자청색紫靑色. 송화색은 松花色. 박황색薄黃色. 청화는 靑華, 중국中國의 청색靑色 물감. 반물은 짙은 남색藍色. 옥색은 옅은 청색靑色.

일번으로 다듬으며
일변으로 지어내니

일번은 一邊

상자에도 가득하고
홰때에도 걸렸도다

상자는 箱子. 횃대는 옷을 벗어 거는 대.

입을 것도 하려니와
먹을 것을 작만하소

떡살은 몇 말이며
술쌀은 몇 말인고

콩 갈아 두부하고
메밀쌀 만두 빚고

두부는 豆腐. 만두는 饅頭.

세육은 게를 믿고
북어는 장에 사세

세육은 歲肉, 설에 쓸 고기. 게는 게. 북어는 北魚.

납평날 창애 놓와
은꿩 몇 마린고

납평은 臘平. 창애는 금수禽獸를 잡는 기구器具.

아희들 그물 쳐서
참새도 지져 먹세

깨강정 콩강정과
고깜, 대초, 생률이라

곳감은 준시蹲柹, 대초는 대조大棗, 생률은 生栗, 밤.

주준에 술들이니
돌 틈에 새암소래

주준은 酒樽.

앞뒤집 타병성은
예도나고 제도난다

타병성은 打倂聲, 떡치는 소리.

새등잔 새발심지
장등하야 새울적에

새발심지는 새발처럼 세갈래로 만든 심지, 장등은 張燈, 길게 켜놓은 등불.

웃방 봉당 부엌까지
곳곳이 명랑하다

봉당은 封堂, 안방과 건너방의 사이에 있는 간.

초롱불 오락가락

묵은세배 하는고나

묵은세배는 섣달 그믐날 저녁에 어른에게 하는 절.

어화 내말 듯소

농상이 어떠한고

어화는 감탄사感歎詞. 농상은 農桑, 농사農事.

종년 근고 한다 해도

그 중에 락이 있네

종년근고는 終年勤苦. 락은 樂.

우흐로 국가보용

사사로는 제선봉침

국가보용은 國家補用. 사사는 私事. 제선봉친은 祭先奉親.

형제, 처자, 혼상대사

먹고 입고 쓰는 것이

형제는 兄弟. 처자는 妻子. 혼상대사는 婚喪大事.

토지소출 아니러면

돈지당 어이 하리

토지소출은 土地所出, 돈지당은 돈을 당에 쓰는 것.

예로부터 이른 말이
농업이 근본이라

농업은 農業. 근본은 根本.

배부려 선업하기
말부려 장사하기

선업은 船業.

전당잡고 빗주기와
장관에 체게 놓기

전당은 典當. 체게는 돈을 꿔어주고 변리邊利를 쳐 받는 것.

술장사 떡장사며
술막질 가가보기

술막질은 주막酒幕질. 가가는 假家, 노점露店.

아즉 목전 혼전하나
한번을 뒤똑하면

목전은 目前, 혼전은 넉넉한 것.

파락호 빗구러기
사든 곳 터도 없다

파락호는 破落戶, 팔난봉

농사는 믿는 것이
내 몸에 달였느니

절기도 진퇴 있고
년사도 풍흉 있어

절기는 節氣. 진퇴는 進退. 풍흉은 風凶.

수한풍박 잠시재앙
없다야 하랴마는

수한은 水旱. 풍박은 風雹. 감시는 監視. 재앙은 災殃.

극진히 힘을 들여
가속이 일심하면

가속은 家屬

아무리 살년에도
아사를 면하느니

살년은 殺年, 흉년凶年. 아사는 餓死, 주려죽음.

제 시골 제 지키여
소동할 뜻 두지마소

소동은 騷動.

황천이 인자하사

노하심도 일시로다

황천은 皇天. 일시는 一時.

자네들 혀여보소
십년을 마련하면

풍년이 이분이오
흉년이 일분이라

이분은 二分. 일분은 一分.

천만가지 생각 말고
이 내 말슴 들어 보소

하소정 빈풍시를
성인이 지었느니

하소정은 夏小正, 책冊이름인데 대재례大載禮 가운데에 있는 일편一篇, 매월每月의 물후物候를 기록記錄한 것. 빈풍시는 풍시風詩, 시전詩傳에 있는 것인데 중국中國 고대古代의 성인聖人 주공周公이 성왕成王을 경계하기 위하여 지었다는 것.

지극한 듯 본받아
대강을 기록하니

이글을 자세 보아

깨닷기를 바라노라

同譯

時維季冬爲除月　小寒大寒是二節
六候鵲巢雁北鄕　雞方乳而雉雊悅
綿布綿紬剪出段　各樣衣服宜經紀
襖褲套褲曁套神　腰褶帍裙悅皆擬
征鳥厲疾水腹堅　卒歲凡具亦何以
擣盡裁來仍製出　盈櫶耀椸多且侈
飮食諸品須預備　飧餻餌酒米幾斗
煮菽爲乳蕎饅頭　明魚場買肉契取
荏豆羌飣柿棗栗　油蜜醬醋靡不有
山禽幾首獸幾頭　尙餘臘日獵所捉
縱然別無自外求　祭饌於斯豊鄕曲
五更幾人守不得　望春東北斗柄橫
若使今年逢置閏　尙後一月有此迎
染色茈草及槐花　鼠李紅藍藍靛是
白瓷灯盞鳥足炷　除夕焚膏家家俗
上房蓬堂竈圈庫　廠圊諸門隨處明
麻子赤豆與人髮　投諸井中瘟不嬰
翁感齒添醉爲慰　兒愁眉皓眠不成
闍梨爭喚買慈悲　半雜遠哭近歌聲
夜深村衕火來去　知是送舊歲拜行

농가월령가農家月令歌 ④[3]

월령서月令序

천지조판 하온 후의
일월성신 비최거라

천지조판은 天地肇判, 천지가 처음 생긴 것. 일월성신은 日月星辰.

일월은 도수 있고
성신은 전차 있어

도수는 度數, 돌아단이는 수. 躔次, 별의 단이는 길.

일년삼백륙십일의
제도수 돌아오면

동지, 하지, 춘추분은
일행을 추측하고

---

3 「拾穗錄 農家月令歌 ④」, 『농업조선』 2권 12호, 1939. 12.

동지는 冬至, 하지는 夏至, 춘추분은 春分, 秋分. 일행은 日行, 해 단이는 것. 추측은 推測, 헤아리는 것.

상현, 하현, 망회삭은
월문의 영휴로다

상현은 上弦, 음력陰曆으로 매월每月 칠팔일에 드는 달. 하현은 下弦, 음력陰曆으로 매월 이십이삼 일에 드는 달. 망회삭은 望晦朔, 음력으로 망望은 매월 십오일. 보름날. 회晦는 매월 말일, 즉 이십구일 혹은 삼십일, 그믐날, 삭朔은 초일일, 초하룻날. 월륜은 月輪. 달바퀴. 영휴는 盈虧, 차고 기우는 것.

대지상 동서남북
곳을 따라 틀리나니

대지상은 大地上. 동서남북은 東西南北.

북극을 보람하여
원근을 마련하니

북극은 北極, 지축地軸의 북단北端. 보람은 표준, 원근은 遠近.

이십사 설후를
십이삭에 분배하여

이십사절후는 二十四節候, 즉 입춘立春, 우수雨水, 경칩驚蟄, 춘분春分, 청명淸明, 곡우穀雨, 입하立夏, 소만小滿, 망종芒種, 하지夏至, 소서小暑, 대서大暑, 입추立秋, 처서處暑, 백로白露, 추분秋分, 한로寒露, 상강霜降, 입동立冬, 소설小雪, 대설大雪, 동지冬至, 소한小寒, 대한大寒, 십이삭은

十二朔. 분배는 分配.

매삭의 두절후가

일망이 사이로다

매삭은 每朔, 달마다. 일망은 一望, 한보름.

춘하추동 왕래하여

자연히 성세하니

춘하추동은 春夏秋冬. 성세는 成歲, 한햇동안을 이룸.

옛적에 용한 사람

력법을 마련하여

력법은 曆法, 책력을 맨드는 법.

천시를 밝혀내여

만 사람을 가르치니

천시는 天時.

하우시 오백년은

인월로 세수하고

하우시는 夏禹氏, 중국고대의 우禹ㅅ님금의 나라. 인월은 寅月. 세수는 歲首

줏나라 팔백년은

자월로 신정이라

줓나라 중국고대의 주周ㅅ나라. 자월은 子月. 신정은 新正, 새해 정월 正月.

당금에 쓰는 력법
하우시러 한법이라

한서온량 기후차례
사시에 맞갖으니

사시는 四時. 맞갖은 맞당함.

공부자의 취하신 법
하령은 행하거다

공부자는 孔夫子. 하령은 夏令. 여름의 절령節令인데 시기時期를 맞추어 행하라는 것.

정월正月

정월은 맹춘이라
립춘 우수 절기로다

립춘은 맹춘孟春. 립춘은 立春, 우수는 雨水.

산곡중 간학에는
빙설은 남았으나

산곡중은 山谷中. 간학은 澗壑. 빙설은 氷雪.

평원 광야에는
운물이 변하도다

평원은 平原, 광야는 廣野, 운물은 雲物.

어파 우리 성상
애민 중농 하오시며

애민중농은 愛民重農.

간측하신 전농문을
방곡중에 반포하나

간측은 懇惻, 퍽 간절한 것. 전농문은 典農文, 농사에 당한 문. 방곡중은 坊曲中. 반포는 頒布

슬프다 농부들아
아모리 무지한들

네 몸 리해 고사하고
성의를 어길소냐

리해는 利害. 성의는 聖意, 님금의 뜻.

산전 수답 상반하여
힘대로 하오리라

산전은 山田. 수답은 水畓. 상반은 相半.

일 년 간 풍흉이야
측량치 못하여도

풍흉은 豊凶. 측량은 測量.

인력이 극진하면
천재를 면하나니

인력은 人力. 극진은 極盡. 천재는 天災.

제각각 권면하여
게을리 구지마소

권면은 勸勉.

일 년지게 재춘하니
범사를 미리 하라

일년지게재춘은 一年之計在春, 한햇동안 지낼 계획이 봄에 있단 말.
범사는 凡事, 여러 가지 일.

농긔를 다스리고
농우를 살펴 먹여

농기를 農器, 농우는 農牛.

재거름 재와 놓고

일변으로 실어 내여

재거름은 재와 똥을 섞은 거름.

맥전의 오좀치기

세전보다 힘써하소

맥전은 麥田, 보리밭. 세전은 歲前, 새해 전.

늙은이 기력 없어

힘든 일 못하여도

기력은 氣力.

낮이면 개초 엮고

밤이면 사끼 꼬아

개초는 蓋草, 이엉.

때맞어 집이우니

큰 근심 덜었도다

실과나무 벗옷 깎기

가지사이 돌 끼우기

실과는 實果. 벗옷은 벋어 친 가지. 가지사이에 돌을 끼면 열매가 많이 맺는다 함. 이름 가수嫁樹라 함.

정조ㅅ날 미명 시에

시험ㅅ조로 하여 보소

정조는 正朝, 正月초하룻날, 미명시는 未明時, 어뜩 새벽. 시험은 試驗.

며느리 잊지 말고
소국주 밋하여라

소국주는 小麴酒. 밋은 슬밋, 주모酒母.

구십소광 백화시에
화전일취 하여보자

구십소광은 九十昭光, 봄빛. 백화시는 白花時. 온갓 꽃이 만발할 때. 화전일취는 화전일취火前一醉, 꽃 앞에 한번 취함.

상원날 달을 보아
수한을 안다하니

상원은 上元, 정월正月보름ㅅ날. 수한은 水旱, 가을과 장마.

로롱의 증험이라
대강을 짐작나니

로롱은 老農, 늙은 농부農夫. 증험은 徵驗.

정조의 세배함은
돈후한 풍속이라

세배는 歲拜, 돈후는 敦厚.

새 의복 떨쳐 입고
친척린리 서로 찾아

친척은 親戚. 린리는 隣里.

로소남녀 아동까지
삼삼오오 단일 적에

로소남녀는 老少男女. 아동은 兒童. 삼삼은 三三, 오오는 五五.

와삭 버석 울긋불긋
물색이 번화하다

물색은 物色.

사나희 연날리기
겨집아희 널뛰기라

윳놀아 나기하기
소년들의 노리로다

소년은 少年.

사당의 세알하니
병탕의 주과로다

사당은 祠堂, 祖上의 神位를 모신 집. 세알은 歲謁, 설 때 절하는 것.
병탕은 餠湯, 떡국. 주과는 酒果.

황다에 미나리를
무순채에 곁드리니

황다는 黃茶, 엄파와 같은 것으로 맨든 나물. 무수채는 무엄으로 맨든 나물.

보기에 신신하야
오신채 부러하랴

오신채는 五辛菜, 즉卽 파, 마늘, 부추, 취, 겨자.

보름날 약식제도
신라적 풍속이라

약식제도는 藥食制度. 신라新羅 소지왕炤知王 십년十年 오월五月 십오일十五日, 왕王이 천천정天泉亭에 이날 가마귀를 위하여 약밥을 지어 제사를 지내던 것이 인하여 시식時食이 되었다.

묵은 산채 삶아내니
육미를 밧골소냐

산채는 山菜. 육미는 肉味.

귀밝이 약술이며
보름삭는 생률이라

생률은 生栗.

몬저 불러 더위 팔기

달마지 횃불 혀기

달마지는 달을 맞는 것. 혀기는 켜기.

흘러오는 풍속이오
아희들의 노리로다

同譯

時維孟春爲陬月 立春雨水是二節
六候東風始解凍 蟲振魚陟獺祭設
山水火田多少中 各自隨意盡其才
天行土運雖升降 能積人功亦弭災
鴻雁北翔草木萌 東作將興賴農村
一年之計在於春 事事莫如早爲圖
料理鎡基審飼牛 聚窖灰糞載車出
瓦甌溺頻灌麥畦 穀種置地是大率
雖其年衰氣弱人 亦有所幹不知苦
拜年自是恂厚風 各振新衣訪親隣
紛紜老少男女兒 三三五五結隊行
淡袍靑衫間紅裳 鄕村物色堪擬京
旣諶此理相勸勉 只須服勤不憚劬
晝以編茅宵綯索 趂時乘屋日避午
菓樹培土枝着石 初吉昧爽嫁勿怠
祠堂茶禮設何饌 餠湯酒果臛脯醢

菁筍筍葱雜芹葅　嘗新不必羨五辛
閨室暗祝把錢抛　爲夜雨降履藏置
判卦五行吉凶示　薄暮爇髮起贕烟
鷄狗日過春又立　板扉幾貼神荼字
男放風箏女蹋踘　擲攤猜枚少年戲
少望童呌芻靈出　云代直星主禍崇
上元餙嬉盛蜜飯　傳自新羅祭烏事
幾人踏盡遠近橋　出於高麗除厄意
爛炸各種枯陳菜　淡味豈可鱐腊比
惟是圓滿深黃色　方知馭桀大有禖
預囑老婦休忘却　小麵爲酶釀如何
初五蠶婦祈蠶神　室當午處供茶餌
社翁相屬治聾酒　村兒爭嚼消瘍栗
賣癡買暑兼呼聲　迎月燃炬亦不失
候月豈無著古記　車滄洲詩近有理
北豊峽薦南稔海　赤焦卉木白漲水
旣望以後石戰始　風環打錢戲技是
留待萬化方暢日　一醉花前擊壤歌

이월二月

이월은 중춘이라
경칩 춘분 절기로다

중춘은 仲春. 경칩은 驚蟄. 춘분은 春分.

초륙일 좀상이로
풍흉을 안다 하고

초륙일은 초初엿샛날. 좀상이는 좀상이별. 풍흉은 豊凶.

스므날 음청으로
년사를 짐작한다

음청은 陰晴. 맑고 흐림. 년사는 年事, 그해 농사일.

반갑다 봄바람이
의구히 문을 여니

의구히는 依舊.

말랐던 풀붙히가
속잎이 맹동한다.

맹동은 萌動.

개구리 우는 곳에
논물이 흐르도다

뫼비들기 소래나니
버들잎새 새로워라

보습 장기 차려놓고
춘경을 하오리라

춘경은 春耕.

면화밭 되야두어
제때를 기다리고

면화는 棉花, 되야두어는 갈고 또 갈어두는 것.

담배모 잇심으기
일을스록 좋으니라

담배모는 연초煙草의 모. 잇은 홍화紅花.

원림을 장점하니
생리를 겸하도다

원림은 園林. 장점은 粧點, 생리는 生利.

일분은 과목이오
이분은 뽕남기라

일분은 一分 이분은 二分.

불히를 상치 말고
비오는 날 심으리라

숡가지 찍어다가

울타리 새로 하고

장원도 수축하고
개천도 쳐올리자

장원은 墻垣. 수축은 修築. 개천은 開川.

안팟게 쌓인검불
정쇄히 쓸어내여

검불은 짚으래기, 풀부치를 어질어 놓은 것. 정쇄히는 精灑히.

불놓아 재받으면
거름을 보태나니

륙축은 다못하나
우마계견 기르리라

륙축은 六畜, 우마시양계견牛馬豕羊鷄犬. 우마계견은 소 말 닭 개.

씨암닭 두세 마리
알 안겨 깨여보자

산채는 있렀으니
들나물 캐여 먹세

산채는 山菜.

고들바기 씀바귀며
소로장이 물쑥이라

달래김치 낭이국이
비위를 깨치나니

본초를 상고하여
약재를 캐오리라

본초는 본초강목本草綱目이라는 책冊. 약재는 藥材.

창백출, 당귀, 천궁
시호, 방풍, 산약, 택사

창백출은 삽주, 창출蒼朮 백출白朮. 당귀는 승검초. 당귀當歸. 천궁은 궁궁이, 川芎. 시호는 묏미나리, 紫胡. 방풍은 병풍나물, 防風. 산약은 마, 山藥. 택사는 쇠귀나물, 澤瀉.

낱낱이 기록하여
때마초와 캐어두소

기록은 記錄.

촌가의 기구 없어
값진 약 쓰올손가

촌가는 村家. 기구는 箕裘.

同譯

時維仲春爲令月 驚蟄春分是二節

六候桃花鶬鶊鳴 鷹化爲鳩鳶來翃

雷乃發聲電有光 田漏催農犂輓尋

一日掃出祠宇塵 環堵滓亦幾簣盈

揀置綿田待夏時 菸草紅藍種卽今

六日辨月與昴星 後先所以豊歉生

園林相半生涯兼 一分花菓一分桑

兒儕愼勿傷根節 待澍移栽多少章

斫來松枝葺缺籬 濬得畝澮塡陷場

此時山菜雖是早 猶有埜蔌亦可茹

蔞蒿羊蹄曲麻薺 恬淡俱醒脾胃歟

土産一一攷本草 藥材趂節須採乾

此外薑塩鷄矢水 俱是關格爲神丹

最是丁寧有神驗 莫如廿日較陰晴

六畜雖未能皆具 牛馬鷄犬不可無

個中雌鷄若干首 幾蛋與伏宜先圖

孤村家貧且鋪遠 不用價高而貿難

况藥放遲針灸速 按摩導引病皆安

薯蕷藭芎蒼白朮 當歸柴胡與澤蘭

농가월령가農家月令歌 ⑤[4]

삼월三月

삼월은 계춘이라
청명, 곡우 절기로다

게춘은 季春. 청명은 淸明. 곡우는 穀雨.

춘일이 재양하니
만물이 화청하다

춘일은 春日. 재양은 載陽. 만물은 萬物. 화창은 和暢.

백화는 난만한데
새소리 각색이라

백화는 白花. 온갓 꽃. 난만은 爛漫. 각색은 各色, 여러 가지.

당전에 쌍제비는

4 「拾穗錄 農家月令歌 ⑤」, 『농업조선』 3권 1호, 1940. 1.

옛집을 찾어오고

당전은 堂前.

화각의 벌나비는
분분히 날고 긔니

화간은 花間.

미물도 득시하여
자락흠이 사랑홉다

미물은 微物, 미미한 물건. 득시는 得時, 때를 얻음. 자락은 自樂, 스스로 질거함.

한식날 상묘하니
백양나무 새닢 난다

한식은 寒食, 상묘는 上墓, 산소에 가는 것. 백양나무는 白楊나무.

우로에 감창함을
주과로나 펴보리라

우로는 雨露, 감창은 感愴, 서글퍼함. 주과는 酒果, 술과 과일.

농부의 힘드는 일
가래질이 첫재로다

점심밥 풍비하여

때맞어 배불리소

풍비는 豊備.

일꾼의 처자, 권속
따라와 같이 먹소

처자는 妻子. 권속은 眷屬.

농촌의 후한 풍속
두곡을 앗길소냐

농촌은 農村. 풍속은 風俗. 두곡은 斗穀.

물고를 깊이치고
두렁 밟아 물을 막고

물고는 물.

한편에 모판하고
그나마 살미하니

살미는 지地 평히 맨드는 것.

날마다 두세 번씩
근간히 살펴 보소

근간은 勤幹, 부지런히.

약한 싹 세워 낼 제

어린 아희 보호하듯

백곡중 논농사가
범연하고 못하나니

백곡은 百穀. 범연은 泛然.

포전의 서속이오
산전의 두태로다

포전은 浦田, 바닷가의 밭. 산전은 山田. 두태는 豆太.

들깨모 일직 붓고
삼농사도 하오리라

좋은 씨 갈해여서
그루를 상환하소

상환은 相換.

보리밭 매여 놓고
못논을 되야 두고

들농사 하는 중의
치포를 아니하랴

치포는 治圃.

울밑에 호박이오
처마아래 박심으기

담 근처 동아 심어
개자하여 올려보세

개자는 가자, 架子.

무우, 배차, 아옥, 상취
고초, 마늘과 부추를

색색이 구별하여
빈틈없이 심어두고

개버들 베여다가
개바자 둘러막고

계견을 방비하면
자연히 무성하리

계견은 鷄犬, 방비는 防備.

외밭은 따로 하여
거름을 많이 하소

농가의 여름반찬

이밖에 또 있는가

뽕눈을 살혀보니
누에 날때 되겠고나

어와 부녀들아
잠농에 전심하소

잠농은 蠶農, 전심은 專心.

잠실를 쇄소하고
제구를 준비하소

잠실은 蠶室, 쇄소는 洒掃. 제구는 諸具

다라끼 칼도마며
채광주리 달발이라

각별이 조심하여
내음새 없이 하소

한식전후 삼사일에
과목을 접하나니

과목은 果木

단행, 유행, 울능도며

문배, 참배, 능금, 사과

단행은 丹杏, 크고 붉은 놈. 유향은 乳香, 누리고 맛이 시지 않은 놈.

엇접, 피접, 도마접
행차접이 잘사나니

피접은 皮接, 아접芽接과 같은 것.

청다디 정능매는
고사에 접을 부쳐

농사를 필한 후에
분에 올려 들여놓고

천한백옥 풍설 중에
춘색을 홀로 보니

천한백옥풍설중은 天寒白屋風雪中. 춘색은 春色.

실용은 아니로대
산중에 취미로다

실용은 實用. 산중은 山中. 취미는 趣味.

인간에 관중한 일
장담은 정사로다

관중은 關重. 정사는 政事.

소금도 미리 받아
법대로 담으리라

고초장 두부장도
맛맛으로 가초하고

전산의 비가 개니
살찐 향채 캐오리라

전산은 前山. 향채는 香菜.

삽주, 두릅, 고사리며
고비, 도랏, 으아리라

일분은 엮어 달고
이분은 무쳐 먹세

일분은 一分. 이분은 二分.

탁화를 쓸고 앉아
병술로 즐길 때에

산처의 준비함이
가효가 이뿐이라

산처는 山妻. 가효는 佳肴.

同譯

時維季春爲嘉月　淸明穀雨是二節
六候桐華萍又生　虹光始見鳩羽拂
田鼠化鴽鴯降桑　品物和樂人勞碌
農家何事非關心　最是鍬役難爲服
豊腆饁彼雇丁輩　塡盡慧竇鼓痴腹
自來莊屯厚風俗　惜人不惜費斗斛
由酒一盞淚厥眼　俾知均如古分肉
踏畓壅場浚溝洫　置秧基外耙輥平
一自耬斗播種外　其或泛忽也難成
露頃秧針移揷時　十分保護須如嬰
浦前黍粟山前荳　薺薴蔔葩隔壟種
苴枲墾來麥耨盡　埜農隙是治圃重
籬底南瓜簷邊匏　近垣白芝在其中
蔓菁茼苣菘滑葵　辣茄落蘇芥蒜葱
葱外別置胡瓜田　壅糞颺場必須多
知是山峽夏饌具　除却菜物更有何
桑柘葉葉與蠶生　女紅於此須專心
先宜浴種掃養室　筥苗枯刀亦推尋
愼是防寒兼避穢　如犯禁忌悔無奈
冷節前後第三日　果木接勿失此會
桃杏梨柰與林檎　唯靑蒂梅古楂宜
欲知趣味兼生涯　佇看開花結子時
上墓難禁雨露感　白楊新葉尙未晞

草際祭罷橞邊飮 夕陽山路扶醉歸
人家要品莫過醬 配塩幽菽日避午
中入豆腐或菜服 俱係佐飯味之珍
家豉不無異寺豉 高麗臭生饞入唇
前山雨過蔬可採 苦荲茗菥薇蕨新
馬蹄狗舌香蘇韮 筆管木頭又朮筝
幾籃及時編掛澈 餘烹和虀佳肴準
兼酒可供餞春醉 鼎小鳥啼花將盡

사월四月

사월이라 맹하되니
입하, 소만 절기로다

맹하는 孟夏, 입하는 立夏, 소만은 小滿.

비온 끝에 볕이나니
일기도 청화하다

청화는 淸和.

떡갈닢 피질 적에
법국새 자조 울고

보리이삭 패여나니

꾀고리 소래한다

농사도 한창이오
잠농도 방장이라
　　잠농은 蠶農, 방장은 方將.

남녀로소 골몰하여
집에 있을 틈이 없어

적막한 대사립을
록음에 닫았도다.
　　적막은 寂寞, 록음은 綠陰.

면화를 많이 갈소
방적의 근본이라

수수, 돔부, 녹두, 참깨
부룩을 적게 하소
　　부룩은 부피.

갈꺾어 거름할 제
풀비여 섞어하소

물논은 쓰을이고

일은모 내여보세

농량이 부족하면
환자 태서 보내리라

농량은 農糧, 부족은 不足, 환자는 還子. 환상還上.

한잠 자고 이는 누에
하루도 열두 밥을

밤낮을 쉬지 말고
부지런이 먹이리라

뽕따는 아이들아
훗그루 보아하야

훗그루는 뒤에 쓸 것

고목은 가지 찍고
햇닢은 제쳐 따라

햇닢은 새닢.

찔레꽃 만발하니
적은 가물 없을소냐

이때를 승간하여

나 할 일 생각하소

승간은 乘間. 틈을 타는 것.

도랑쳐 수도내고
두루쳐 개와하여

수도는 水道, 개와는 蓋瓦.

음우를 방비하며
훗 근심 더으나니

음우는 陰雨, 방비는 防備, 더으나니는 덜다는 것.

봄나이 필무명을
이때에 마련하고

뵈모시 형세대로
여름옷 지어두소

벌통에 새끼 치니
새통에 받으리라

천만이 일심하여
쉴 새 없이 노동하니

천만은 千萬, 일심은 一心, 노동은 勞動.

꿀먹기도 좋거니와

군신분의 깨닫도다

군신분의는 君臣分義.

팔일에 현등함은

산촌에 불가하니

팔일은 八日, 현등은 懸燈, 산촌은 山村, 불가는 不可.

느티떡 콩찌니는

제때에 별미로다

느티떡은 느티나무의 어린 닢을 따서 맨든 떡. 콩찌니는 콩을 찐것.

별미는 別味.

앞내에 물이 주니

천렵이나 하여보자

천렵은 川獵

해길고 잔풍하니

오날 놀이 잘되거다

잔풍은 殘風.

벽계수 백사장을

구비 구비 찾어 가니

벽계수 백사장은 碧溪水白沙場.

수단화 늦은 꽃은

봄빛이 남앗고나

수단화는 水丹花.

촉고를 둘러치고

은린옥척 후려내여

촉고는 數罟, 은린옥척은 銀鱗玉尺.

반석에 누구 걸고

속고쳐 끌여내니

반석은 盤石, 누구는 작은 솔의 일종一種.

팔진미 오후청을

이맛과 바꿀소냐

팔진미는 八珍味, 즉 용龍의 간장肝臟, 봉鳳의 골수骨髓, 토兎의 태아胎兒, 이鯉의 꼬리, 악鶚의 자육炙肉, 성猩의 순脣, 웅熊의 장육掌肉, 표豹의 제蹄로서 맨든 음식飮食을 이름. 오후청은 五侯鯖, 진미珍味를 합合하여 맨든 음식.

同譯

時維孟夏爲陰月 立夏小滿是二節

六候蟈鳴而蚓出 王瓜方生苦菜茁

靡草始死麥秋至 村村男女總忙心

自是無暇在家時　盡日竹扉掩綠陰

穀外須多種草綿　紡績之本在于斯

蜀黍菉豆與荏子　雖不可無少亦宜

採取橡葉水田　　兼刈穢草和用之

旱秔移秧晩稻耕　農糧不足受糶補

蚕漸長到一再眠　箇箇瑩比玉無數

晝夜不休勤飼後　庶望繭如麪繭大

蘉彼捉績採桑女　須量始終事有賴

退摘新葉去古枝　自可易生亦無害

知時薔薇花爛漫　今年豈獨不有霖

况是三農望雲霓　當我事各我自任

鏵窊溝塡開水竇　茆葺屋漏備雨涔

春織棉疋蒸漂出　夏穿葛衣製置兼

譬無遠慮有近憂　罔覺心蛆擢爪芒

八日懸燈傳浴佛　何處火樹政煌煌

刺楡葉餻黑豆蒸　好酬佳節及窮鄕

蜜蜂滋胤增新桶　千萬一心護一王

微物亦知君臣義　豈有人而矧可忘

前磎風靜蟹舍邊　塘網好試晩來晴

青山缺處白沙場　玫瑰花發自分明

金梭玉尺撈來躍　半斫細鱠半煮羹

看得悅眼嘗悅口　不羡當時五侯鯖

농가월령가農家月令歌 ⑥[5]

오월五月

오월이라 중하되니
망종, 하지 절기로다
　중하는 仲夏. 망종은 芒種. 하지는 夏至.

남풍은 때마초아
맥추를 재촉하니
　남풍은 南風. 맥추는 麥秋. 보릿가을.

보리밭 누른 빛이
밤사이 나는고나

문앞에 터를 닦고
타맥장 하오리라.

5 「拾穗錄 農家月令歌 ⑥」, 『농업조선』 3권 2호, 1940. 2.

타맥장은 打麥場.

드는낫 비어다가
뭇뭇이 헤쳐놓고

도리깨 마조서서
짓내어 두다릴 제

불고 쓰듯 하던 집안
홀연히 흥성하다
흥성은 번화로운 것.

담석의 남은곡식
하마 거의 진할러니
담석은 甔石.

중간의 이곡식이
신구상계 하겠고나.
신구상계는 新舊相繼.

이 곡식 아니런들
여름지이 어찌할고
여름지이는 여름 농사.

천심을 생각하니
은혜도 망극하다.

천심은 天心. 은혜는 恩惠. 망극은 罔極.

목동아 노지 말고
농우를 보살펴라

목동은 牧童. 농우는 農牛.

뜨물에 꼴 먹이고
이슬 풀 자로 뜯겨

자로는 자주.

그루갈기 모심으기
제힘을 빌리로다

보리집 말리우고
솔가지 많이 싸아

장맛나무 준비하여
림시걱정 없게 하소

림시는 臨時.

잠농을 맞흔때에
사나희 힘을 빌어

잠농은 蠶農.

누에섶도 하려니와
고치나무 장만하소

고치를 따오리라
청명한날 갈회여서

발우에 엷게 널고
폭양에 말리우니

폭양은 曝陽, 된 볕.

쌀고치 무리고치
누른 고치 흰 고치를

색색이 분별하여
일이분 씨를 두고

그남아 켜오리라
자애를 차려놓고

왕채에 올려내니
빙설같은 실오리라.

빙설은 氷雪.

사랑홉다 자애소래
금실은 고르는 듯

금실은 琴瑟.

부녀들 적공들여
이자미 보는고나

부녀는 婦女. 적공은 積功.

단오날 명일이라
물색이 생신하다

단오날은 端午날. 명일은 名日. 물색은 物色. 생신은 生新.

의밭에 첫물따니
이슬에 젖었으며

앵도익어 붉은 빛이
아침별에 바애도다

목메친 영게소리
익임별로 자조운다.

익임별은 익히는 양. 연습練習하는 양.

향촌의 아녀들은
추천은 알려니와

향촌은 鄕村. 아녀는 兒女. 추천은 鞦韆.

청홍상 창포빈혀
가절을 허송마소

청홍상은 靑紅裳. 창포빈혀는 菖蒲로 맨든 비녀. 가절은 佳節. 허송은 虛送.

노는 틈에 하올 일이
약쑥이나 비여 두소

상천이 지인하사
유연이 작운하니

상천은 上天. 지인은 至人. 유연이는 油然이. 작운은 作雲.

때미처 오는 비는
뉘 능히 막을손가

처음에 부슬부슬
몬지를 적신 후에

밤중의 오는 소리
패연은 드리온다.

패연은 沛然이.

관솔불 둘러 앉아
내일할일 마련하니

뒤ㅅ논은 뉘 심으며
앞밭은 뉘가 갈고

되롱이 접사리며
삿갓은 몇 벌인고

못찌기는 자네하고
모심기는 내가 함세

들께모 담배모는
머슴 아해 맡아내고

가지모 고초모는
아기딸이 하려니와

맨도람이 봉선화는
네사천 너무 마라

네 사천은 너의 사삿 것.

아기어미 방아 찧어
들바라지 점심하소

들바라지는 농사 뒤치닥거리하는 것.

보리밥 파찬국에
고추장 상취 쌈을

식구를 헤아려서
넉넉히 능을두소

식구는 食口.

샐때에 문에나니
개울에 물넘는다

곳곳이 일군모여
짓내여서 하는 거둥

메나리 화답하니
격양가 아니런가.

매나리는 육자바깃조. 산가山歌라고도 함. 화답은 和答. 격양가는 擊壤歌. 즉 농부가農夫歌의 일종一種

동역同譯

時維仲夏爲姤月 芒種夏至是二節
門前新掃舊築場 利鎌刈來一一披

六候蝗螂螵蛸出 鳴鵙與啁噤反舌
鹿角解來水玉生 正値麥仰黃雲時
麥藁日乾松枝積 準備霖饟庶無燥
從今夏農亦可作 莫非天地恩普施
石佛反面妻誰戰 縱收十斛妾休思
牧童須勤課蟒牛 飼以泔菽啃露草
最是早耕移秧時 借諸渠背豈不好
紡中聲聲如彈珠 此時滋味積功由
對立手揮連耞打 脫藁落處粒粒肥
豈料如吹如掃家 倏爾穰穰果然期
麥領舊谷方告聲 中間此食堪繼之
早晩蠶老下簇時 煑繭紫又藉丁力
涓得淸明繭摘摘 堂前薄鋪晒日色
小大黃白中化蛹 預置蛾砂明年爲
餘皆辨品量數後 入湯尋緖引雪絲
兒半臂衫誇白苧 籍頭葛浦點朱砂
好是端陽天中節 矻矻之餘暇一遊
園頭摘瓜露沾衣 壓枝櫻桃政熟紅
單外笋雞毛羽成 倣母習鳴咽日中
何處女伴深碧裡 鞦韆作戲風送譁
正田某種續田某 篛笠蓑衣亦幾件
拔秧子爲猶易事 押秧我任難後善
黑荏白蘇淡巴菰 知是庄丁不可兔
姑息專心供野饋 大麥熟飯蔥冷漿

鴨不放棲只飼餵 須芠芠葉莌蔚草

幾龍治水今方驗 知時好雨不待禱

晩來油然而作雲 夜來沛然而注下

老少環坐摜稌簟 明朝主事相議辨

萵苣包兼番椒醬 剩於諸口也先量

金剛山猶食後景 不飽勞苦何以忘

茄子雞冠鳳仙花 燈籠草皆兒女當

유월六月

유월이라 계하되니

소서, 대서 절기로다

유월은 六月. 계하는 季夏. 소서는 小暑. 대서는 大暑.

대우도 시행하고

더위도 극심하다

대우는 大雨. 시행은 時行. 극심은 極甚.

초목이 무성하다

파리, 모기 모여든다.

초목은 草木. 무성은 茂盛.

평지에 물이 괴니

악마구리 소래난다.

평지는 平地.

봄보리, 밀귀리를
차례로 비여내고

늦은 콩, 팟, 조, 기장을
비기전 대우디려

대우는 대구, 자꾸.

지력을 쉬지말고
극진히 다스리소

지력은 地力.

젊은이 하는 일이
기름매기 뿐이로다

논밭을 갈마디려
삼사차 돌려 맬 제

삼사차는 三四次.

그중의 면화밭은
인공이 더드나니

면화밭은 棉花밭. 인공은 人功.

틈이 나물밭도
도와 매가꾸고

집터울밑 돌아가며
잡초를 없이 하소
　　잡초는 雜草.

날 새면 호미 들고
긴긴 해 쉴 새 없이

땀 흘려 흙이 젖고
숨 막혀 기진할 듯

때마침 점심밥이
반갑고 신기하다

정자나무 그늘밑에
좌차를 정한 후에
　　좌차는 坐次.

점심그릇 열어놓고
보리단술 몬저 먹세
　　몬저는 먼저.

반찬이야 있고 없고
주린창자 메인 후에

청풍에 취포하니
잠시간 락이로다

청풍은 淸風. 취포는 醉飽. 잠시간은 暫時間.

농부야 근심마라
수고하는 값이 있네

오조이삭 청대콩이
어늬 사이 익었고나

오조는 일즉 먹는 조. 이삭은 곡식의 목아지.

일로보아 헤아리면
량식 걱정 오랠소냐

량식은 糧食.

해진후 돌아올제
노래 끝에 웃음이라.

애애한 저녁내는
산촌을 잠아 있고

애애는 靄靄. 산촌은 山村.

월색은 몽몽하여
발길에 비최였다.

월색은 月色. 몽몽은 曚曚.

늙은이 하는 일이
바히야 없다하랴

식전아침 외따기와
되약볕에 보리널기

식전은 食前.

그늘곁에 누역치기
창문앞에 노꼬기와

하다가 고달프면
목침 베고 허리쉬움

북창풍 잠을드니
희황씻 적 백성이라

북창풍은 北窓風. 희황씨는 羲皇氏. 중국中國 고대古代의 신인神人. 백성은 百姓.

잠 깨여 보라보니
급한 비 지나거다

먼 나무에 쓰라람이
석양을 재촉한다.
　　석양은 夕陽.

로파의 하는 일이
여러가지 못하여도
　　로파는 老婆.

묵은 솜 들고 앉아
알뜰히 피여 내니

장맛날 소일하기
낮잠 자기 잊었도다.
　　소일은 消日.

삼복은 속절이오
류두는 가일이라
　　삼복은 三伏. 속절은 俗節. 류두는 流頭. 가일은 佳日.

원두밭에 참외 따고
말갈아 국수하여

가묘에 천신하고
한때음식 즐겨보세

가묘는 家廟. 천신은 薦新.

부녀는 허비 말고
밀기울 한대 모화

누룩을 드듸여라
류두국을 헤나니라

류두국은 流頭麴

호박나물 가지김채
풋고초 양념하고

옥수수 새맛으로
일없는 이 먹어보세

장독을 살펴보아
제 맛을 일치마소

맑은 장 따로 모아
익는 족족 떠내여라

비오는 날 덮기 신칙
독전을 신칙하소

남북촌 합력하여
삼구덩이 하여보세

남북촌은 南北村. 합력은 合力.

삼대를 비여 묶어
익게쪄 벗기리라

가는삼 길삼하고
굵은삼 바드리소

농가의 요긴하기
곡식과 가치 치네

산전은 먼저 갈고
포전은 나중 갈소

산전은 山田. 포전은 浦田.

동역同譯

時維季夏爲具月　小暑大暑是二節
腐草化螢土潤溽　大雨時行惱農情
方熟穬麥鈴鏞麥　次黃穫必乘乍晴
黍稷諸豆未馥前　網口揵馱出莫休
穧餘根種各田耨　這裡綿花人功尤

耕麴採藻摘槐花 收蜜取茶幷可謀
魚兒在水閒自游 蛙子中喝喘莫跳
六後混風從何至 蟋蟀居壁嚶摯掣
開閘放水菜培土 址中籬低亦薙草
永日不捨鋤钁篼 背炙汗蒸口且燥
從餕碗飯涉盆醪 猶醫飢渴眞良藥
亭子木蔭清風下 旣醉且飽一時藥
衝盡滑泥叉臨溪 人牛之足俱濯妙
因循試檜在中庭 聊復絪扉向北寮
納凉薄暮歸來路 踏了秧歌發哩笑
蘆蘆夕咽況山村 紫門瞳曨月色照
老翁雖無歇歇事 與家分勞未閒適
披霧朝摘靑黃瓜 冒炎午布春秋麥
蚊虻驚蝨除有術 燒萍藉葛夜眠遲
三伏俗節流頭日 甜瓜水饋小麥麵
時食家廟薦新後 六親分吃同欣忭
新合盈貸頻曝陽 熟汁揷德不肯出
勞形欠伸到雕边 支得瓦枕暫息腰
嗒然餽眼忽驚起 賭牛凍過談風蟬
老媼餽餘亦有務 潛心動指繹陳綿
瓜或爬癢劉蚤蝨 扇拂蒼蠅第掃咿
村中劼力共掘坎 麻幹刈束蒸脫畢
精細織布麁擰紉 不可缺者與棉一
麥麩相雜踏藾置 釀酒可資祭兼讌

장편長篇으로 된 농부가農夫歌가 여럿이 있는 바 그 중中 이것을 뽑았다. 이것도 농가農家의 사시四時를 두고 말하였으나 농가월령가農家月令歌와는 그 취향趣向과 색채色彩가 다르고 그 취재取材와 용어用語도 보다 더 뇨뇨히 자미스럽게 하여 종래從來의 농가農家의 풍정風情을 잘 말하였다.

농부가農夫歌 (1)[6]

하늘이 백성 내실 제
사농공상 난왔으니

사농공상은 士農工商.

삼강오상 팔조목은
선배의 구실이라

삼강은 三綱, 즉 군신君臣, 부부夫婦, 부자父子의 도道. 오상은 五常, 즉 오륜五倫, 부자父子, 군신君臣, 부부夫婦, 장유長幼, 붕우朋友의 도道. 팔조목은 八條目 즉 백성百姓을 다스리는 여달 가지 법령法令.

공맹안증 법을 받아
효제충신 가로치니

공맹안증은 중국고대 성현의 공자孔子와 맹자孟子와 안자顏子와 증자曾子. 효제충신은 효孝와 제悌와 충忠과 신信.

---

6 「拾穗錄 農夫歌 (1)」, 『農業朝鮮』 3권 3호, 1940. 3.

우리는 글 못 배와
범민준수 못되리니

범민준수는 凡民俊秀.

차라리 밭은 갈아
부모봉양 하오리라

부모봉양은 父母奉養.

송경업이 책렵 지여
이십사절 버렸으니

송경업은 宋景業, 중국고대의 북제北齊 사람. 이십사절은 二十四節.

절서를 자세 보아
농시를 잃지 마소

절세는 節序. 농시는 農時

보름ㅅ달 높이 뜨고
좀상이 바토 간다

좀상이는 별 이름. 바토는 발비.

밤중만 솟적다 우는새는
풍년들 증조로다

솟적다 우는 새는 즉 두견杜鵑. 그 소리가 솟적다 하는 것 같어 풍년豊年들어 곡식이 많겠다는 것.

입춘날 시를 맞혀
보리뿌리 때여 보니

세 가지 분명하다
이아니 경새런가

경새는 慶事.

가랬줄 새로 드려
장기군도 차려다가

장기군은 장기질 할 이.

땅지기 기다려서
드렁가래 멈점하세

땅지기는 땅 地氣, 봄새 따뜻하여 地氣가 오르는 것.

콩ㅅ가지 새로 떨어
큰 암소 잘 먹여라

장기질 재게한다
황소 주니 바꿀소냐

못자리 깊은 곳마다
깨묵 거름 고로 치고

곡우에 부은 모니
어느덧 삯이 나네

곡우는 곡우절穀雨節.

바늘 같은 어린 잎이
알뜰이 사랑옵다

피룽이 새로 겻고
접사리 끈을 고쳐

못에 비가 덤버커든
지체말고 내닷읍소

보아지물을 담어
일은 모 내여 보세

실한 소 장기 메여
깊도록 갈아 주소

김도령 잘도 하네
세일군에 일이로다

썹에질 가는대로
물거품이 이러난다

아랬자리 모를 떠서
바지게에 가득 담아

신첨지 늙다 마소
왼바리 짐을 다지네

팔심 좋은 거북이네
저못단 고로 치소

물속에 푸른 송이
드믄 드믄 서는 모양

기특하고 소담하다
무슨 화초 이러하리

밭기슭 너른 곳에
집자리 널게 펴소

김생원님 좌정하오
동모님네 다오시오

서편짝 딴 자리에
녀주님네 앉으시오

녀주님네는 여자들을 이름.

되게 걸은 좋은 술을
서너 사발에 가득 부어

슬컨들 먹은 후에
오날일 심써 하세

시장 재출할 제
술잔 보니 웃음 난다

시장은 배고픈 것. 재출은 재촉.

두세잔 거우른 후
곰방대 푸여 물고

그만하여 일어나소
일즉 맞고 쉬여보세

맞은 마친 것. 필역畢役함.

남녀 역군 떼를 난아
두 줄로 들어간다

기러기 항렬인지
차레로 정제롭다

왼손에 모를 쥐고

오른손 자조 놀려

구벅구벅 굼니면서
뒷걸음 물러 갈 제

방아다리 아즈머니
선소래 내여 보소

초성 좋은 목소래에
산유화로 화답하니

산유화는 山有花, 즉 메나릿조, 륙자바기ㅅ조.

듣기도 좋을 뿐일는가
이소래에 일붓는다

일붓는다는 일이 붓게 된다는 것.

신명 겨운 돌진이네
입밥귀로 장단치고

짓궂은 금네자친
궁둥춤이 볼만하다

숫돌고개 언덕길로
점심고리 넘어 오네

동간님네 일심 받아
한참 일을 세우 하세

오금밑에 땀흐르고
두 손끝에 바람 난다

닷마지기 큰배미를
얼핏 쉬여 다시 내네

찬새암에 발을 씻고
좌차없이 앉은 후에

새로 걸은 개바지를
순배 돌려 보세

순배는 巡盃, 잔 돌리는 것.

가을보리 푸진 밥에
적두팟이 좋을시고

적두팟은 赤豆팟 붉은 팟.

외창국 초맛 좋다
먹을사록 싫지 안히

외창국은 외로 냇국한 것.

아욱국에 토막 좌반
향촌음식 좋다 한들

이에서 더할손가

좌반은 반찬. 향촌은 鄕村.

도령네들 자시게
한창 먹을 나히로세

삿갓 벗어 낯을 덮어
되약별에 잣바져서

먹든 담배 다 태오고
저녁들메 하오리라

최첨지 울밑 논에
내일 일군 열둘일 제

사기막골 정생원은
사흘품 값을 먼저 주네

방축논을 게우 내니
때마초아 못비 온다

봉천지기 높도린들
못낸자리 있을소냐

봉천지기는 비나 와야 심을 수 있는 논.

일은모 땅내 맞고
감실 감실 하여간다.

한땐들 놀아 볼가
밀보리밭 그루해서

부록받고 깻모 내니
면화기음 늦어간다

원숭담배 중거름은
마누라 손수 헙쇼

원두밭 붓도두기
아희라고 못할손가

로제토 잡아 들면
눈코 뜰틈 전혀 없네

두 번인들 수월한가
품군들이기 일반일세

두세 번 훔쳐 내니
어진 넋이 돌아온다

호미씻에 찰떡하소
한번 호세 하여보세

호세는 호강하는 것.

윈여름 흘린 땀에
소복하기 졸연한가

뜸부기 삿기 까고
여뀟대 꽂이 핀다

하눌이 높아 가니
백로절이 되는구나

백로절은 白露節.

아희야 노지 마라
오려논에 새보아라

산전에 오조 베고
타자차작 하여 다가

산전은 山田, 자차는 벼 이름, 자차벼.

조상님께 천신하고
보모량친 공양하세

풋수수 꺾어다가
해팟 넣어 범벅지니

초가을 재맛이라
아희들 좋와하네

첫물담배 엮어 달고
목화밭 붓을 돋아

어린 자식 거두듯이
일신들 놓을손가

호미를 막놓으니
나무가을 되단 말가

채긴 낫을 들게 갈아
츩 끊어 매를 매고

산비탈 꽃장다리
방죽가 바늘새를

바늘새는 가늘고 긴 풀.

베여서 마른 후에
짐짐 묶어 내여

짓거니 싯거니
태산같이 쌓았으니

과동할만 아니하랴
부족하면 곡초있네

곡초는 穀草.

오려짚으로 삿기 꼬아
섬부텀 지오리라

백곡이 다 익으니
들빛도 찬란하다

도화색 삭모빛과
황금 같은 베오레라

피이삭 묶어 세니
수목병풍 들렀는 듯

메밀꽃 소담하다
백설을 뿌린 듯이

일 년을 애를 석여
팔월절이 되것구나

산국화 만발하고
신나무 단풍 들제

새벽달 외기러기
서리ㅅ발 재촉한다

저건너 이풍헌집
타작관 왔다하네

이풍헌은 李風憲. 타작관은 打作官.

섬부텀 지오리라
백곡이 다익으니

들빛도 찬란하다
도화색 삭모빛과

황금 같은 베오례라
피이삭 묶어 세니

수목병풍 들렀는듯
메밀꽃 소담하다

백설을 뿌린듯이
일년을 애를 석여

팔월절이 되것구나

산국화 만발하고
신나무 단풍 들 제

새벽달 외기러기
서리ㅅ발 재촉한다

저건너 이풍헌집
타작관 왔다하네

이풍헌은 李風憲. 타작관은 打作官.

술부텀 비져 놓소
좋은겪기 하여보세

아희야 말에 가서
일군을 마초아라

향교앞 깊은 자리
내일 먼저 시작하세

새벽밥 먹고 나니
상풍도 잘도 친다

상풍은 霜楓.

손도령 풀을
화토ㅅ불 자로 놓소

발 벗고 들어 스니
살얼음 소래 난다

한두 번 벨 적에는
손 시려 어렵더니

심들여 일을 하니
등골에 땀이 난다

너른 마당 터를 닦고
몰바슴 하여보세

우리머슴 잘도 잔다
두 번 둘러 다 바쉬네

뒷목을 맑게 하소
남의 소견 불사하니

맞부터 힘을 들여
정토록 부려주소

곡식이 제여무니
쭉정이 바히 없소

오륙석 나든 자리
여달섬이 되었구나

자리마다 이러하면
잇해 농사 아니런가

아기어멈 거동 보소
입이 절로 벌어지네

병작자리 남았으니
남아지탄 들여오소

병작은 竝作, 농사를 지어 그 곡식을 논 님자와 절반씩 나누는 것.

볏가리 흠죽하다
집기슭을 지나가네

이슬밭 콩을 꺾어
한나잘 면화 따고

백곡을 다걷우니
빈 그릇이 바히 없네

녹두밭 조기장을
독마다 채여놓고

반간들이 토두지에
밥밑콩이 가득하다
밥밑콩은 방방.

모밀 주고 소곰 받아
김장도 하여 보고

깨ㅅ송이 다말랐네
칩지 아녀 기름 짜소

밤이면 샷기 꼬고
틈보아 이영 엮어

가을일 마쳤으니
집수장 하여보세

읍네주인 왔다하니
술잔이나 대접하소

환잣빗 걱정 마소
나 먼저 바치리라

환자는 還子, 환상還上.

몸구실과 리중게에
쓰실 돈 많다 하면

리중계는 里中契.

오는장 목화 내면
쓰고도 남으리라

삭풍이 들이치고
쥐구멍에 눈싸일 제

삭풍은 朔風, 북풍北風.

머음ㅅ방 덥게 하고
멍석이나 맺어보세

노인네 밤잠 없어
시장한때 많으시매

찰수수 정히 닦어
강엿도 다려 두고

새로뜬 꿀이 좋데
인절미도 하여 보소

정성이 지극하면
자손이 법 받느니

엇그제 읍내 가니
재상양반 귀양 가네

입신양명 하올 적에
그 영화 오작할가

입신양명은 立身揚名.

일조에 죄를 얻어
절도에 내치니

절도는 絶島.

늙은 부모 게시다네
그 마음 오작 할가

오날로 볼작시면
우리를 부러하리

제 부모 섬기기야

귀천이 다를손가

귀천은 貴賤.

우리는 농민이라
저런 근심 모르거니

농가의 소산으로
감지나 다스려서

농사의 소산은 農家의 所産. 감지는 甘旨. 맛있는 것.

북당의 남은 해를
편토록 받들고저

북당은 北堂, 즉 부모父母.

시조時調[7]

농가農家에 당한 노래는 이미 본지本誌에 실은 월령가月令歌, 농부가農夫家처럼 길게 된 것도 있으려니와 또는 삼장형三章形으로 짜르게 된 노래, 즉 요즈음 흔히 시조時調라고 일컫는 노래도 적지 않은바 이걸 청구영언靑丘永言이나 가곡원류歌曲源流 같은 책冊에 뽑아 해석解釋하면 다음과 같다.

대추大棗 볼붉은 골에 밤은 어이 듯드르며
벼빈 그루에 게는 어이 나리는고
술익자 체장사 돌아가니 아니 먹고 어이리

－황희黃喜

어이는 어찌. 듯드르는 뚝뚝 떨어지는 것. 그루는 뿌리.
체장사는 체를 팔기도 하고 메기도 하는 이.

이는 가을 풍경風景. 대추大棗가 빩앟게 익고 알밤은 뚝뚝 떨어지고 오려벼를 비여낸 자리로는 게는 슬슬 나릴 때, 마치 빚어 놓은 술은 농창하게 이것는데 술거르는 새 체를 메고 체장사는 돌아갔으니 과연 '아니먹

7 「拾穗錄 時調」, 『농업조선』 3권 4호, 1940. 4.

고 어이리' 할 수 밖에 없다. 이 '아니먹고 어이리'가 그 무한無限한 정취情趣를 들어낸 것이다.

재 넘어 성권롱成勸農 집이 술 익단 말 어제 듣고
누은 소 발로 박차 언치 놓아 지즐 타고
아희야 네 권롱勸農 게시냐 정 좌수鄭座首 왔다 하여라

—정철鄭澈

성권롱成勸農은 성成씨로서 권롱勸農이라는 소임을 한 이. 권롱勸農은 옛날 지방地方의 방坊이나 면面의 일을 보든 한 임원任員. 언치는 안장 밑에 까는 모포毛布. 지즐은 그대로와 같은 뜻. 정좌수鄭座首는 정鄭씨의 좌수座首. 좌수座首는 옛날 향소鄉所의 장長.

농가農家의 흥취는 역시亦是 술이다. 예전에는 술을 맘대로 해먹던 것이고 술이 익으면 청할 것 없이 서로 찾아다니며 먹었던 것이다. 그 얼마나 순후淳厚, 고박古朴한 풍속風俗이랴. 이 노래는 그런 풍속風俗을 잘 말한 것이다.

쓴나물 데온 믈이 고기도곤 맛이 있세
초옥草屋 좁은 즐이 그 더옥 내분이라
다만당 임그런 탓으로 시름 계워 하노라

—정철鄭澈

도곤은 보다와 같은 말. 긔더욱은 그것이 더욱. 내분은 내분수. 다만당은 다만.

'쓴나물 데온 물이 고기도곤 맛이 있세'는 과연 그 구수한 미각味覺을 움지기게 한다. 그러한 쾌미快味로도 임을 그리는 시름만은 잊을 수 없을가. 놀라운 그 시름이었다.

짚방석方席 내지 말아 낙엽落葉엔들 못 앉으랴
솔불 혀지 말아 어제 진달 돋아 온다
아이야 포주浦酒 산채山菜일망정 없다말고 내어라

—한호韓濩

짚방석方席은 짚으로 만든 방석. 솔불은 관솔ㅅ불. 혀지는 켜지. 포주浦酒는 막걸리같은 술. 산채山菜는 산山에서 뜯은 나물.

낙엽落葉으로 방석方席을 삼고 달로 등불을 삼고 서로 앉아 허물없는 이야기와 술잔이나 주고받고 하는 것이 한 영화映畵처럼 눈앞에 나타난다. 한편에서는 안악네가 음식을 장만하고 아이놈은 여내 술병과 안주를 나르고 있다. 그러고 달은 잔속에도 잠겼다가 입으로도 들고 밤은 가는 줄도 모른다.

뒷집의 술쌀을 꾸니 거친 보리 말못차다
즈노나 마고찌어 쥐비져 괴아 내니
여러날 주렸던 입이니 다나 쓰나 먹으리라

—김광욱金光煜

즈노나는 짓젓어. 마고는 마구. 쥐비져는 주물러 비져두는 것.

가난한 농가農家의 사정事情. 술은 먹고 싶으나 술을 비질 쌀이 없어 뒷 이웃집에 가서 꾸은 바 겨우 거친 보리다. 그나마 한 말도 못된다. 그걸 짓찧어 술을 비저 괴아 내었다. 여러 날 동안 술을 주렸던 입이라 그 술 맛이야 어떠함을 불구하고 싫것 먹어보련다.

질가마 좋이 싯고 바위 아래 샘물 길어
팟죽 달개 쑤고 저리지해 끄어 내니
세상世上에 이두맛이야 남이 알가 하노라

—김광욱金光煜

질가마는 질흙으로 맨든 가마솟. 저리지는 저리짐치.

이는 서울 같은 도시에 사는 이로는 좀처럼 상상想像도 못할 맛이겠다. 왜철솟에 짠 우물(지금은 수도물)로 쑤는 팥죽이라든지 똥거름에 시든 무배채로 담은 김치라든지는 도저히 그런 맛을 비길 수 없다. 청신淸新, 소락瀟落한 그 두 맛이야말로 과히 남이 알가 할 만한 맛이겠다.

새벽비 일갠 날에 일거스라 아이들아
뒷뫼 고살이 하마 아니 자랐으랴
오늘날 일것거 오너라 새술 안주 하리라

—적성군積成君

일갠은 일즉 갠 것. 일거스라는 일어나라. 하마는 벌써. 일것거는 일찍 꺾어.

새벽비가 오다 얼른 개인 날, 뒷산에 고사리는 벌써 많이 자랐으리라, 아이들아 일즉 일어나 일즉 꺾어 오너라. 새로 익은 술안주를 하련다. — 하는 이 노래에는 비개인 봄 산의 상긋한 고사리 냄새가 움직이고 있다. 술안주에도 새 술 안주가 좋다. 만약 이걸 가지고 밥반찬을 하겠다든지 하였으면 밥맛을 더 도왔을는지 몰라도 노래맛으로는 나지 못하였을 것이다.

비오는데 들에 가랴 사립 닫고 소먹여라
마히 매양이라 잠기 연장 다스려라
쉬다가 개는날 보아 사래 긴밭 갈아라

-윤선도尹善道

사립은 사립문. 시비柴扉. 마히의 마는 물마. 장마와 같은 마, 즉 틈이 탄 말과 같음. 잠기 연장은 장기연장. 사래는, 밭이랑 밭두둑.

이는 비오는 날 농가農家의 하는 일. 쇠죽이나 끌여 먹이고 장기연장이나 고칠 걸 고치는 것이다. 그러다가 번쩍 개는 날 보아 밭을 갈자는 것이다. 그렇게 순실하고 부지런은 하면서도 도시 살림처럼 초초하지 않고 누긋하고도 차근차근하다.

엄동嚴冬이 지나거나 설풍雪風이 어듸 가니
천산 만산千山 滿山의 봄기운이 어리었다
지게를 신조晨朝에 열고 하늘 빛을 보리라

-윤선도尹善道

엄동嚴冬은 무섭게 치운 겨울. 설풍雪風은 눈보라. 천산 만산千山 滿山은 여기저기 뾰족뾰족한 산들. 지게는 문. 신조晨朝는 새벽.

우수雨水, 경칩驚蟄이 다 지내고 해토解土 비도 갓 지내고 이 산山 저 산山에 부유스름한 기운이 너울모양으로 가리고 있을 때다. 그러고 밤에도 훈듯한 바람이 떠돌며 별들은 유난히 새초롬하게 나려볼 때다. 그럴 때, 그 징글징글하던 무서운 치위며 눈보라는 기억記憶조차 희미하여질 것이다. 일찍 자고 일찍 일어나, 문을 열고 하늘빛을 보겠다. 하늘빛이 얼마나 좋을가. 눅을눅을한 봄기운을 가득 안고 웃는 그 하늘빛이 과연 얼마나 좋을가.

우는 것이 버꾸기냐 푸른것이 버들숲가
어촌漁村 두세 집이 모연暮煙에 잠겼새라
아이야 새고기 오른다 헌 그물을 내어라

—윤선도尹善道

어촌漁村은 강江ㅅ가에나 바다ㅅ가에 있는 마을, 모연暮烟은 저녁 연긔.

벌써 늦은 봄이다. 버꾹새는 버드나무 숲에서 구슬프게 울고 강江마을 두세 집은 저녁연기에 희미하게 잠겼다. 저녁 물에 오르는 고기나 잡으러가지. 그물을 내어라. '새고기 오른다 헌 그물을 내어라'와 '우는 것이 버꾹이냐 푸른 것이 버들숲가'가 그 정情과 경景을 그림 이상以上으로 그려낸 것이 아닌가. 여간如干 명화名畫 한 폭을 준대도 아니 바꾸겠다.

동창東窓이 밝았느냐 노고지리 우지진다
소치는 아이는 상기 아니 일엇느냐
재 넘어 사래긴 밭을 언제 갈려하느니

노고지리는 종달새. 우지지는 울어 짖어귀는 것. 상긔는 지금껏, 오히려.

동창東窓이 밝았느냐는 동창東窓이 벌써 밝지 않았느냐 하는 말이다. 앞뒤 밭에는 새파란 보리닢들이 밤을 자고나 한 치나 더 자랐고 종달새들은 요란히 짖어군다. 그래도 아직 아이놈은 방에 누어 곤한 잠을 못 이기고 이따금 기지개를 쓰고 소는 외양간에서 움머움머하고 울고 있다. 이렇게 게으름을 부리고야 가즉도 않은 재 넘어, 갈기도 쉽지 않은 사래긴 밭을 언제 갈겠느냐 하고 낫살이나 자신 주인主人네는 입버릇 같은 그 잔소리를 하기도 싫어하지 않는다.

전산前山 작야우昨夜雨에 가득한 추기秋氣로다
등화우豆花雨 관솔불에 밤호밋 빛이로다
아이야 뒷내 통발桶撥에 고기 흘러 날세라

—신정하申靖夏

작야우昨夜雨는 지난밤 비. 추기秋氣는 가을기운, 등화우豆花雨는 팟꽃에 젖은 빗물. 밤호믜는 밤에 밭매는 호믜. 통발桶撥은 고기잡는 그릇.

앞산에 지난밤 비 한 번 지내고는 가을 기운이 완연히 돌았다. 아직도 팟꽃에 빗물은 젖었는데 관솔불을 켜놓고 밤이 들도록 밭을 맬 때, 호밋

날은 불빛에 비쳐 반작어린다. 그리 바삐 손을 놀리면서도 한편으로는 아이더러 뒷내에 둔 통발에 든 고기가 행혀 흘러 날세라 하고 신칙을 하는 것이다. 이런 농가의 생활을 한만汗漫, 한가閒暇로운 줄로만 알았다면 참으로 오해誤解다.

오늘은 천렵川獵하고 내일來日은 소산행山行하세
꽃달힘 모릐하고 강신講信을란 글피하리
그글피 편사회便射會할 제 각지 호과各持壺果하시소
—김유기金裕器

산행山行은 사냥. 꽃달힘은 화전花煎 부쳐먹고 노는 것. 강신講信은 향약鄕約에 모이는 날, 또는 계稧하는 날. 편사회便射會는 편을 짜가지고 활을 쏘는 것. 각지호과各持壺果는 각각 술과 과실果實을 가지고 오는 것.

이도 그 활동活動하믈 말하는 노래. 천렵川獵, 산행山行, 꽃달힘, 강신講信, 편사회便射會 등으로 연일連日 쉴 날이 없다. 이와 같이 옛날 사람은 지금 사람보다 더 부지런하였던 것이다. 담배나 먹고 낮잠이나 자는 이들과 더부러 말할 것도 없다.

헌삿갓 자른 되롱 삷짚고 호미 메고
논뚝에 물보리라 밭기음이 어떠트니
아마도 박장기朴杖基 보리술이 틈없는가 하노라
—조현명趙顯命

기음은 깃임, 풀깃은 것. 박장기朴杖基는 박조가리로 만든 장긔.

헌삿갓 쓰고 짜른 되롱이 입고 삷을 짚고 호미를 메고 논뚝에 물을 볼라, 밭에는 풀을 맬라하여 한 몸을 둘에 내어도 당할 수 없는 그 일이라 어느 틈에 장기나 두고 술이나 먹고 흥뚱항뚱하리오.

가을 타작打作 다한 후에 동내洞內모화 강신講信할 제
김풍헌金風憲 메덧이에 박권롱朴勸農의 되롱춤이로다
좌상座上에 이존위李尊位는 박장대소拍掌大笑하드라

-이정보李鼎輔

풍헌風憲은 면面이나 리里의 한 소임所任인데 김풍헌金風憲은 김金씨 풍헌風憲. 메덧이는 타령打令의 한 조調. 되롱춤은 비틀비틀하며 추는 춤. 이존위李尊位는 이李씨 존위尊位. 박장대소拍掌大笑는 손벽을 치며 껄껄 웃는 것.

가을에 타작打作을 다하고 난 후, 동내洞內 사람들이 다 모아 놀 때, 김풍헌金風憲은 노래하고 박권롱朴勸農은 춤을 추고 이존위李尊位는 대소大笑를 한다. 한 희극喜劇이다. 고박古朴한 희극喜劇이다.

다나 쓰나 이 탁주濁酒 좋고 대테메온 질병드리 더욱 좋의
어른자 박구비를 둥둥 띠워 두고
아이야 저리 침채沈菜일망정 없다 말고 내여라

-채유후蔡裕後

탁주濁酒는 막걸리. 질병드리는 질그릇으로 된 것. 어른자는 한 감탄사感歎詞인데 희롱하는 뜻이 있는 것. 박구기는 박으로 만든 표자주박.

질병드리에 탁주濁酒를 가득 다머놓고 게다 박구기를 둥둥 띄워두고 아이더러는 저리 침채沈菜를 내올대로 내오라는 것이 그 탐탁스러운 흥취를 더할 나위 없이 말함이다. 원악 조선의 노동자勞働者란 마껄리 없이는 살 수 없는 바이었다. 차라리 밥을 굶어도 마껄리는 굶을 수 없다. 그 시껌은 팔과 다리에 툭툭 붉어진 힘줄은 마껄리 때문에 굵은 것이다. 그들이 그 좋은 마껄리를 대할 때 여북 기뻤으랴. '둥지 둥둥 띄워두고'가 그 박구기보다 그 넘치는 기쁨을 말한 것 아니랴.

> 논밭 갈아 기음 매고 뵈잠방이 다임쳐 신들메고 낫갈아 허리에 차고 도끼 버려 두러메고
> 무림산중茂林山中 들어가서 삭다리 마른 섶을 뷔거니 버히거니 지게에 질머 지팡이 바쳐놓고 시암을 찾아가서 점심點心도 야부시고 곰방대를 톡톡 떨어 잎담배 피어 물고 코노래 조으다가
> 석양夕陽이 재 넘어갈 제 어깨를 추이지며 긴소매 저른 소리 하며 어이 갈고 하더라
>
> —작자미상作者未詳

> 뵈잠방이는 삼베로 만든 잠방이. 다임은 대님. 무림산중茂林山中은 숲이 무성한 산 속. 삭다리는 삭은 다리, 썩은 가지. 마른 섶은 마른 가지들. 뷔거니, 버히거니는 마찬 가지 말, 즉 벤다는 말. 야부시는 번쩍 먹어버리는 것. 추이즈는 으쓱으쓱 하는 것.

이는 나무하는 이의 노래. 논밭을 다 갈아, 기음까지 매어놓고는 벼잠방이는 입었을망정 대님을 치고 신을 들메고 낫을 갈아 허리에 차고 도끼를 벼려 둘러메고 깊은 산, 깊은 숲속으로 들어가, 나무를 하고 점심을

먹고 담배를 먹고 코노래하고 조오다, 석양夕陽판에 재를 넘어가며 어깨를 으슥거리고 노래를 부르다 날은 점점 저물고 길은 아직 험하고 멀고 짐을 무거워진다. 정말 어이 갈고 하는 그 말대로였다. 요런 나무꾼의 단순한 하룻동안 생활生活에도 고苦와 낙樂이 되푸리하고 있는 인생의 일면一面이 영절스러이 들어난다.

이상以上 말한 노래들이 모두 진솔眞率, 순직純直, 소박素朴한 정이 흐르는 우리 종래從來의 농가생활農家生活을 고대로 그려내었다. 우리는 이런 걸 가지고서 어뜨런 유명有名한 목가牧歌나 밀레의 그림 같은 것만을 귀히 여길 것이 없다. 재삼再三 음미吟味하여 볼수록 나의 이런 말이 그다지 과장誇張이 아님을 알 것이다.

또 각各 지방地方의 종래從來 민요民謠, 동요童謠로서 농가農家에 당한 것을 뽑아 말하면 자미滋味스러운 것이 적지 않다.

산유화가山有花歌[8]

산유화혜山有花兮 산유화山有花야
저꽃 피어 농사일 시작하여 저꽃 지더락 필역하세
얼얼 널널 상사뒤어 상사뒤

산유화혜山有花兮 산유화山有花야
저꽃 피어 번화함의 자랑 마라 구십소광九十韶光 잠간 간다
얼얼 널널 상사뒤 어여뒤여 상사뒤

충영봉에 달뜨고 사자강에 달진다
저달 떠서 들에 나와 저달져서 집에 돌아간다
얼얼널널 상사뒤 어여뒤여 상사뒤

농사짓는 일이 바쁘건만 부모처자 구제하기 뉘손을 기다릴고
얼얼널널 상사뒤 어여뒤여 상사뒤

부소산이 높이 있고 구룡포가 깊어있다
부소산도 평지 되고 구룡포도 평원 되니 세상일 뉘가 알고
얼얼널널 상사뒤 어여뒤여 상사뒤

8 「拾穗錄-山有花歌 외」, 『農業朝鮮』 3권 6호, 1940. 6.

산유화山有花는 노래곡조, 즉 메나리조를 이름. 지금부터 이백삼십팔 년 전 숙종 이십팔 년 경상도 선산군 상형곡上荊谷에 살던 임칠봉林七奉 처 향랑香娘이가 그 남편에게 구박을 당하여 친정에 돌아와 있다가 또한 견딜 수 없어 물에 빠져죽을 때 노래한 곡조를 불러 전한 바 그걸 산유화山有花ㅅ조로 불렀다 한다. 산유화山有花가 그 때부터 생긴 줄로 예전 사람들도 말하였으나 실상 산유화山有花ㅅ조는 그전 옛날부터 있어온 것이다. 지금 남도잡가의 육자배기도 산유화山有花ㅅ조의 하나다. 얼얼 널널 상사뒤 어여뒤여 상사뒤는 여음의 일종, 오랜 옛날 노래에는 대개 여음이 있는데 이는 농부가農夫歌에 붙는 여음. 九十韶光은 구십소광, 구십일 동안인 봄빛, 충영봉은 충남부여읍 동편에 있는 봉오리. 사자강은 泗泚江, 즉 백마강. 부소산 부여읍 뒷산, 옛날 백제왕궁의 후원後苑. 구룡포는 九龍浦로 지금 부여 규암리 서북에 있는 넓은 들. 평지는 平地, 평지처럼 한산하게 되었다는 뜻. 평원은 平原, 평야와 같은 말.

이 산유화가山有花歌는 부여군 군수리軍守理 거민居民들이 전하는 노래. 부여는 워낙 백제의 도성이었던 곳이라 이런 농부가에도 얼마큼 회고의 정서를 나타내고 있다.

저 건너 갈미봉에 비묻어 들어온다 우장을 두르고 지심을 맬거나
얼얼 널널 상사뒤 어여뒤여 상사뒤

갈미봉은 갈모봉의 전음轉音된 것, 갈모는 갓모니 즉 갓모와 같은 뾰족하게 솟은 봉오리. 우장은 雨裝. 되롱이 지심은 깃임. 깃은 풀, 잡초.

이 노래는 민요 중 가장 명작이다. 곡식들은 심어 놓고 그 후 날은

가물었다. 날마다 하늘만 쳐다보고 비를 기다리더니 급자기 바람이 불고 먹장 같은 구름이 밀려들어 들 건너 갈미봉 머리로는 비가 묻어 들어온다. 여북 반갑고 고마운 비냐. 우리는 더 부지런히 일을 하자. 어서 우장을 두르고 지심을 매자 하는 것이다. 이런 뜻을 잘 말한 소박, 진솔한 노래다. 이 노래를 또

> 산하지로구나 저 건너 갈미봉에 비가 묻어서 들어온다.
> 우장을 허리에 두르고 지심을 맬거나

하고 육자배기로 부르기도 하고 또

> 여바라 남산南山 비 묻어 들어온다.
> 우장을 두르고 지심 매세.

하고 단가短歌로 부르기도 하나 이는 다 전하는 사람과 지방을 따라 좀 달리 되었을 뿐이다.

> 벗어라 벗어라 네가 벗어라
> 네가 벗지 아니하면 내가 벗겠다
>
> 속아라 속아라 네가 속아라
> 네가 속지 아니하면 내가 속겠다

속은 숙. 벗어라는 드메 처녀가 삼을 벗기며 삼이 잘 벗지 아니하여 하는 소리오.

속아라는 가난한 농부가 벼가 어서 익어 고개가 숙기를 바라는 소리다.

사승노래(적마가績麻歌)

영해寧海 영덕盈德 긴삼가리
진실眞室 청송靑松 잔손가지

우리 아배 관솔 패고
우리 올배 관솔 노코

이내 나는 비비치고
우리 형님 날러치고

밤새도록 삼고 나니
엿손가리 반을 추겨
닷손가리 반 남었네

안동安東동내 열늬 동내
동내마다 송사訟事 가자

안만없이 송사訟事 가면
네익이냐 나익이지

우리아배 이방호방吏房戶房

우리올배 동래부사東萊府使

골방기생妓生 얼동생아
향수별감鄕首別監 얼삼촌三寸에
너익이나 나익이지

영해寧海 영덕盈德 청송靑松은 경상북도에 있는 골 이름. 眞室은 진실眞實의 와전訛傳인 듯. 진보眞寶는 청송, 영해, 영덕의 이웃 골. 가리는 곡지. 아배는 아버지. 관솔은 송진이 있는 소나무ㅅ도막. 올배는 오라비. 송사訟事는 소송訴訟하는 것. 안동安東동내 열닉동내 마자 송사訟事가자는 며느리가 신을 잘못 삼어서 시어미가 나무라는 말. 안만없이 송사訟事가면 이하以下는 며느리가 잘못하면서 친정을 유세하고 자랑하는 것. 안만없이는 암만이라도와 같은 뜻. 이방 호방吏房 戶房은 아전의 중요한 벼슬. 얼동생은 서제庶弟. 향수별감鄕首別監은 향소鄕所의 수임首任. 얼삼촌三寸은 서삼촌庶三寸.

경상북도 안동을 중심으로 하여 그 부근 등지가 마포특산지麻布特産地인 만큼 이런 적마가績麻歌로도 유명하다. 이는 천여 년 전 신라 유리이사금儒理尼師今 9년에 시작된 가배절嘉俳節의 유풍遺風으로 음력 칠월 중순으로부터 팔월 중순까지 이 등지의 부녀들은 사오십 명씩 짝을 지어 집집마다 차례차례로 모여 삼을 삼는 바 그 때에는 누구든지 돌림차례로 이 「사승노래」를 부른다. 이 노래를 부르는 부녀에는 꽃 같은 신부도 있어 친정생각을 하며 눈물을 지기도 하고 머리가 파뿌리 같은 과부도 있어 신세탄식을 하기도 한다.

달이 벌써 다졌는듸
닭은 어이 또 우는가

잔말 많은 식어머니
이내 잠을 또 깨우내

영해寧海 영덕盈德 긴삼가리
널캉나캉 웬정많어
아침 저녁 따라드나

저녁 걸삼 지기는 년
사발옷만 입더란다

> 어머지는 어머니. 널캉나캉은 너와 나와. 지기는은 질기는. 사발옷만 입더란다는 호강도 못하고 겨오 살어간다는 것.

이는 새벽삼을 삼는 노래.

미수가리를 걸머지고
산양山陽장을 건너가니

산양山陽놈의 인심 보아라
오돈오푼 받으란다

오륙칠월五六七月 짜른 밤에
단잠을랑 다 못자고

이삼 저삼 삼을 적에
두 무릎이 다 썩었네

어린 아이 젖 달래고
큰 아이는 밥 달랜다

뒷집 김동지 거동 보소
나를 보고 헛웃음 웃네

> 미수는 잘못하였다는 것. 오돈오푼은 오전오리五錢五厘. 김동지는 金同知, 동지同知 벼슬을 한 김씨金氏.

이는 잘못삼은 삼을 팔았다는 노래.

강상골에 원아
스승곡 미륵자야

살대는 전해 주소
없는 살대 전할소냐

우리 아배 제비더냐

집을 짓고 간곳 없네

우리 어머니 나비더냐
알을 쓸고 간곳 없네

제비는 물에 노네
나뷔는 어데 노나
나뷔는 꽃에 노네

거믜는 어디 노나
거미는 줄에 노네

나뷔는 무슨 나뷔
나뷔는 분홍 나뷔

제비는 무슨 제비
제비는 초록 제비

거미는 무슨 거믜
거믜는 왕거믜

우리 형제 잠을 잡고
제ㅅ상끝에 휘어졌네

기생년은 잔을 잡고
원님앞에 휘어졌네

사당년은 잔을 잡고
거상 앞에 휘어졌네

강상골, 스승곡은 지방地方. 원은 군수郡守. 미륵자는 사람 이름. 제ㅅ상은 祭床. 사당은 옛날 잡되게 노든 계집. 거상은 거사居士의 와전訛傳, 거사居士는 불법佛法을 신앙信仰하는 속인俗人.

이것도 삼을 삼을 때 부르는 노래로서 그 부모父母를 생각하는 것.

이앙가移秧歌(울산蔚山)

찔레야 꽃은 장가가고
석류石榴야 꽃은 상객上客간다

만인간萬人間아 웃지 마라
시동자 하나 바라간다

시동자는 씨동자童子

남창 남창 베리끝에
속하다 울오랍바

우리도 후생後生 가서
낭군郎君 한번 섬겨볼래

울오랍바는 우리 오라비. 후생後生은 죽었다 다시 생기는 것. 낭군郎君은 남편.

배 짜는 노래(춘천春川)

해는 벌써 저녁 때—
조그만치 남은 베를

마자 짜고 나릴라고
고픈 허리 굽실굽실

이죽이듯 잘짜—
어린 애기 밥 달라고

베틀에 매달려
칭얼칭얼 칭얼칭얼

오냐 오냐 오냐 오냐
짹각 짹각 짹각 짹각

청포장사(전주全州)

새야 새야 파랑새야
녹두綠豆남게 앉지 말아

녹두綠豆 꽃이 떨어지면
청포 장사 울고간다

청포장사는 묵장사.

새보는 소리(호남지방湖南地方)

위여 위여
두름박 딱딱

윗녁 새야
아랫녁 새야

위여 위여
두름박 딱딱

이는 이른 벼가 익으려 할 때, 샛막을 높이 짓고 줄을 매고 뜰에는 두름박 부치를 매달고 참새들이 날어오면 샛막에서 새보는 아이가 그 줄을 잡아 흔들며 지르는 소리.

점심고리(음성陰城)

충청도 중복송아
주렁주렁 달렸네

강 넘어 강대초
앙궁 방긋 열렸네

떠드러 온다 떠드러 온다
점심고리 떠드어 온다
반달같이 떠드어 온다

제까짓게 반달이야
초생달이 반달이지

점심고리는 점심을 담는 도스락. 머슴들이 먼 산으로 나무하러 갈 때 점심을 담어주는 것. 중복송아는 복숭아의 일종一種인 승도僧桃. 장대초는 강촌江村에 있는 대추나무.

뽕(호남지방湖南地方)

오라버니 오라버니
배고픈가 깨떡 줄가

뜨거운가 젓가락 줄가
어서 먹고 뽕따러 가세

뽕은 따서 무엇할내
오라버니 장가갈 제
직령도포 지을라오

반달로 깃을 달고
무지개로 선을 둘러

오라버니 장가갈 제
직령도포 지을라오

직령도포는 直領道袍, 동정을 곧게 한 도포.

물방아(강계江界)

방아 방아 물방아야
쿵쿵 찧는 물방아야

너의 힘이 장하고나
폭포같이 쏟는 물에

떨어지는 공이 소리

쉴 새 없이 울리면서

한섬 두섬 찧어 내니
백옥같은 흰쌀일세

이쌀 찧어 무엇할까
연자매에 갈아내어

체로 처서 가루하여
알락달락 물들여서

곱게 곱게 비저 내어
펄펄 끓는 기름 속에

맛이 있게 지져 내어
색씨 상에 고여놓자

공이는 방앗공이. 연자매는 研子磨, 우마牛馬를 부려 가는 매.

전원사시가田園四時歌[9]

-이는 이율곡 선생李栗谷先生이 지었다는 낙지가樂只歌 속에 있는 것-

봄

전원에 봄이 들어
백화가 만발하니

전원은 田園, 농사짓는 곳. 백화는 百花, 온갖 꽃 만발은 滿發.

앞 언덕 왜철축과
뜰 앞에 진달래는

웃는 듯 반기는 듯
면면이 붉어있고

섬 아래 정향꽃과

9 「拾穗錄 田園四時歌」, 『농업조선』 3권 7호, 1940. 7.
『半島史話와 樂土滿洲』(1943. 1.)에도 수록됨.

단위의 모란화는

정향은 丁香, 단은 壇. 모란화는 牡丹花.

춘광을 다 먹음어

화향이 습인하고

춘광은 春光. 화향은 花香. 습인은 襲人, 사람을 음습함.

월계 작약화와

삼색도화 영산홍은

월계는 月季. 작약화는 芍藥花. 삼색도화는 三色桃花. 영산홍은 映山紅.

홍백이 상영하여

춘풍이 나붓기고

홍백은 紅白. 상영은 相暎. 춘풍은 春風.

산단화 옥잠화와

장미화 출장화는

산단화는 山丹花. 옥잠화는 玉簪花. 장미화는 薔薇花. 출장화는 出墻花.

다토와 반개하여

소광을 희롱하고

반개는 半開. 소광은 韶光.

니화는 백설이오
도화는 홍우로다

니화는 梨花. 백설은 白雪, 도화는 桃花. 홍우는 紅雨.

매화는 요염이요
해당화는 신선이라

매화는 梅花. 요염은 妖艶. 해당화는 海棠花. 신선은 神仙.

지란은 훈향하여
지기를 만나온듯

지란은 芝蘭. 훈향은 薰香, 훈훈히 풍기는 향긔. 지긔는 知己, 절친한 친구.

한죽은 쇄락하여
군자를 대하온 듯

한죽은 寒竹. 쇄락은 洒落. 군자는 君子.

벽오동 젖은 닢에
단봉이 깃들이고

벽오동은 碧梧桐. 단봉은 丹鳳.

창창한 늙은 솔에
백학이 춤을 추고

창창은 蒼蒼. 백학은 白鶴.

행화는 표불하여
술잔에 가득하고

행화는 杏花. 표불은 飄拂, 나불거리는 것.

촉규화 담홍하여
날빛을 기울이고

촉규화는 蜀葵花. 담홍은 淡紅.

버들은 실이 되고
꾀꼬리 복이 되어

연류간 왕래하여
유성이 면만하니

연류간은 烟柳間. 왕래는 往來. 유성은 流聲. 면만은 綿蠻. 이어나는 것.

흐르는 빗소리에
티끌 꿈 깨이거다

청려장 들러 짚고
앞 뫼에 올라가니

청려장은 青藜杖.

잔듸마다 속닢이오

포기마다 꽃이로다

꽃꺾어 손에 들고
물먹어 양치하니

청향이 만구하고
화기는 습의하다

청향은 淸香. 만구는 滿口. 화기는 和氣. 습의는 襲衣.

유수를 따라가서
바위우에 앉아시니

공산이 적막한듸
접동새 슬피 울고

공산은 空山. 적막은 寂寞. 접동새는 두견이.

산화는 란만한데
봉접이 쌍쌍하다

산화는 山花. 란만은 爛漫. 봉접은 蜂蝶.

청산의 흰구름은
부용같이 피어나서

청산은 靑山. 부용은 芙蓉, 연꽃.

선인을 찾아와서

곳곳이 따라오고

현포의 맑은 안개

띠같이 둘러 있어

현포는 玄圃, 선경仙境 같은 좋은 곳.

신선은 날만 여겨

곳곳이 쫓아온다

신선은 神仙.

석양 산로 빗긴 길의

소연 일납 지나가니

석양은 夕陽. 산로는 山路. 소연은 蕭然. 일납은 一衲.

묻노라 저선사야

네 거동 한가하다

선사는 禪師. 한가는 閑暇.

진환을 하직하고

산수간의 주인되여

진환는 塵寰. 번거한 세상. 하직은 下直, 작별함. 산수간은 山水間.
주인은 主人.

삼청 연월 음롱하고

십주 풍계 반환하여

삼청연월은 三淸烟月. 삼청은 삼청三淸, 상청上淸, 태청太淸인데, 신선神仙 사는 곳. 음롱은 吟弄. 십주풍경은 十洲風景. 十洲는 신선神仙 사는 곳. 반환은 盤桓, 돌아다니는 것.

육환장 한막대로

부운같이 왕래하니

육환장은 六環杖. 부운은 浮雲. 왕래는 往來.

세렴이 다 없에라

시비함이 뉘 있으리

세렴은 世念. 시비는 是非.

한가한 이내 몸도

산천이 병이 들어

산천은 山川.

천석이 고황이오

연하가 고벽이라

천석은 泉石. 고황은 膏荒. 연하는 烟霞. 고벽은 痼癖.

진세를 도망하고

임천의 상양하니

진세는 塵世. 도망은 逃亡. 임천은 林泉. 상양은 徜徉.

의관은 내다르나
마음은 너와 같다

의관은 衣冠.

어젯밤 좋은 비에
산채가 살졌으니

광주리 옆에 끼고
산중을 들어가니

주먹 같은 고사리오
향기로운 곰취로다

빛 좋은 고비나물
맛좋은 어아리라

도라지 굵은 것과
삽주순 연한 것을

낱낱이 개어 내어
감천을 정히 써서

감천은 甘泉.

국끄리고 나물 무쳐
취한 쌈 입의 넣고

국 한 번 마셔보니
입안의 맑은 향기
삼키기 아깝도다

구중안 우리님도
이런 맛 알으시나

구중은 九重, 구중궁궐九重宮闕.

한 그릇 받들어서
북궐을 바라나니

북궐은 北闕.

어리다 내 마음이
헌근지성 절로 난다

헌근지성은 獻芹之誠. 미나리를 들이는 정성.

뒷동산 포곡소리
발갈라 재촉하니

직직한 저 량사도
남묘의 숙재로다

직직은 畯畯. 날카로운 것. 양사는 良耜, 좋은 보습. 남묘는 南畝. 숙재는 俶栽, 시작함.

여름

웃논에 조도 갈고
아랫논에 만도 부쳐

조도는 早稻, 올벼. 만도는 晩稻, 늦벼.

우수가 적중하여
풍년을 점복하니

우수는 雨水. 적중은 適中. 점복은 占卜.

여지여경은
주민의 축원이요

여지여경은 如坻如京, 곡식이 잘되어 창고倉庫에 쌓은 것이 높은 언덕과 같다는 말. 이는 시전詩傳 소아小雅 보전장甫田章에 있는 말. 주민은 周民, 주周나라 백성百姓. 축원은 祝願.

중유어의는
목인의 꿈이로다.

중유어의는 衆維魚矣, 많은 고기를 이름, 목인은 牧人, 우양牛羊을 먹이는 사람. 이는 시전詩傳 소아小雅 무양장無羊章에 있는 말인데 꿈에 많은 고기를 보면 풍년豊年이 든다는 것.

큰밭에 콩을 갈고
적은 밭의 원도놓와

원도는 園頭, 외의 종류種類.

한번 매고 두 번 매니
전가의 일이 없다.

전가는 田家.

남풍이 길어부어
대맥이 누르르러

남풍은 南風. 대맥은 大麥, 보리.

이때가 아나때니
맥추가 오늘일다

맥추는 麥秋. 아나는 어느.

보리쌀 밥을 짓고
살진 연계 찜을 하여

연계는 軟鷄.

외김치 보리 소주
시식으로 양친 하니

소주는 燒酒. 시식은 時食. 양친은 養親.

삼생 팔진미는
어나뉘 받돗던고

삼생은 三牲, 우양돈牛羊豚. 팔진미는 八珍味.

전가중 일신환락
이것이 재미로다

전가중은 田家中. 일신환락은 一身歡樂.

맥량이 다 진하고
오려쌀 새로 나니

맥량은 麥糧.

원도밭 청대콩과
밭두득 돔부팟과

동산의 일은 밤과
산전의 오조 비어

오조는 早粟.

오곡을 한대 섞어
물마초와 지어 내니

오곡은 五穀.

한그릇에 쌀밥이오

오색이 령롱하다

오색은 五色. 영롱은 玲瓏.

소천어 열무우국과

부어 낡아 회를 쳐서

소천어는 小川魚.

가지채 호박나물

신도주 이바지가

기아니 소담한가

신도주는 新稻酒.

금당의 부용화는

천연히 붉어있고

금당은 金塘. 부용화는 芙蓉花.

옥계에 훤초꽃은

한가히 누르렀다.

옥계는 玉險. 훤초는 萱草.

석류화 만발하니

향기가 복욱하고

석류화는 石榴花. 복욱은 馥郁.

수선화 만개하니
청풍이 표쇄하다

수선화는 水仙花. 만개는 滿開. 청풍은 淸風. 표쇄는 瓢洒.

료우가 새로 개고
청월이 조요하니

료우는 潦雨, 장맛ㅅ비. 청월은 淸月. 조요는 照耀.

분명함 산색이오
상량함 야기로다

산색은 山色. 상량은 爽凉. 야기는 夜氣.

전계의 폭포소래
만학의 뇌명하고

전계는 前溪. 만학은 萬壑.

죽림의 섞인 바람
음운이 뇨량하다

죽림은 竹林, 음운은 音韻. 뇨량은 嘹亮.

요림한 반딋불은
야천의 유성이오

요림은 繞林. 야천은 夜天. 류성은 流星.

야당의 와명하니
산가의 고취로다

야당은 野塘. 와명은 蛙鳴. 산가는 山家. 고취는 鼓吹.

앞 이웃 방아노래
황량을 밤에 찌고

황량은 黃粱.

로주의 가는 불은
고기잡는 사람이라

이삼경 여름밤의
이 역시 경이로다

가을

뜰남기 바람ㅅ소리
아침에 살펴보니

창밖의 오동닢이
금정에 떨어졌다.

오동은 梧桐. 금정은 金井.

소상강 외기러기
해천에 높이 뜨니

소상강은 瀟湘江. 해천은 海天.

어느 곳 손님내는
귀장이 밧밧는고

귀장은 歸裝.

벽간의 귀뚜람이
뵈짜러 재촉하니

벽간은 壁間.

어느 곳 지어미는
게으른 잠 깨였는가

밤사이 서릿발의
백곡이 익어거든

백곡은 百穀.

청약립 녹사의로
뜰 앞에 나아가니

청약립은 青篛笠. 녹사의는 綠蓑衣.

사야의 황운이오

곳곳이 타작이라

황운은 黃雲. 타작은 打作.

희희한 농부들은

황계백주 손에 들고

희희는 熙熙. 황계백주는 黃鷄白酒

소매를 이끄러서

권하며 일르기를

성대 태평하여

시화 세풍하니

성대 태평은 聖代太平. 시화세풍은 時和歲豊.

이것이 뉘 덕인고

우리임금 덕이로다

토고를 두드리고

격양가 불러시니

토고는 土鼓. 격양가는 擊壤歌.

강구의 늙은인가

도당시의 백성인가

강구는 康衢, 큰길. 도당시는 陶唐氏, 중국고대의 요堯임금. 백성은

百姓. 이는 요堯임금과 같은 성군聖君을 모신 태평성대太平盛代라는 말.

삼대의 성화를
오늘날 다시 본다

삼대는 三代. 중국고대의 하은주夏殷周의 세를 이름. 성화는 盛化.

구준의 대취하니
여공의 붓들려서

구준은 甌樽, 술동이. 대취 大醉는. 려공은 黎筇.

먼대 타작 먼저하고
가까운대 나종하니

밀다리 좋은 벼와
상모찰 차진 벼와

정금벼 보리벼와
사발벼 대초벼가

정실한 곡품이오
량려한 립미로다.

정실은 精實. 곡품은 穀品. 량려는 狼戾, 많은 것.

서직 두태 다거두고

화마숙맥 다들이니

서직은 黍稷. 두태는 豆太. 화마는 禾麻. 숙맥은 菽麥.

즐용 같은 내 곡식을
어디 데다가 다 쌓으리

천창만상 넣고남아
뜰앞에 노적하고

천창만상은 千倉萬廂. 노적은 露積. 곡식을 쌓아놓은 것.

함포고복하여
태평가 부르리라

함포고복은 含哺鼓腹, 배불리 먹고 질거워 함. 태평가는 太平歌.

찰기장 좋은 술을
시광에 가득 부어

시광은 兕觥, 뿔잔.

공언이 어대런고
만수를 부르리라

공언은 公言. 만수는 萬壽, 이다두레의 소임所任.

전주의 일을 맞고
일신이 한가하니

전주는 田疇.

앞내에 고기 낚아
양친이나 하오리다

양친은 養親.

죽간을 들러 메고
어기로 나려가니

죽간은 竹竿 어기는 漁磯.

편편한 백구들아
날보고 나지 마라

편편은 翩翩. 백구는 白鷗.

너 잡을 내 아니라
너를 따라 예왔노라

쓸대 없는 이내 몸이
찾을 이 바히 없다

반세 광음을
덧없이 다보내고

반세는 半世. 광음은 光陰.

심심한 궁항촌의

할 노릇 전혀 없다

심심은 深深. 궁항촌은 窮巷村.

화표주 어제 밤의

원학과 맹세하고

화표주는 華表柱. 원학은 猿鶴.

백로주 오늘날의

너를 좇아 이리 오니

백로주는 白鷺洲.

한정은 일체로다

넨들 현마 모를소냐

한정은 閑情. 일체는 一體.

홍료화 떨어지고

갈꽃이 희었는데

홍료화는 紅蓼花.

풍수림 찾아앉아

어간을 들이오니

풍수림은 楓樹林. 어간은 漁竿.

잔잔한 물결이오
발발한 고기로다

한동안 잠갔다가
찌를 보고 채쳐 내니

뛰노나니 은린이오
걸리나니 옥척이라

은린은 銀鱗. 옥척은 玉尺.

눈눈한 버들가지
한 가지 꺾어 내어

눈눈은 嫩嫩, 고운 것.

적은 고기 도로 넣고
굵은 것 골라 께여

하나 께고 둘 께여서
한께염 다차거든

낚싯줄 대에 감고
망혜를 찾아 신고

석양과 짝을 하여

달 속으로 돌아오니

실인이 뜰의 나려
솟 씻고 기다린다.

실인은 室人.

회치고 속 고쳐서
노친긔 이양하니

노친은 老親. 이양은 頤養. 이신양정頤神養精, 즉 정신精神을 정양靜養함.

이 역시 맛이다
긔 아니 다행인가

앞 뫼희 단풍들고
정국이 난개하니

정국은 庭菊. 난개는 爛開.

꽃 밑에 술을 먹고
머리에 수유 꽂고

수유는 茱萸.

창연히 원망하니
기다린이 기눌른고

창연은 悵然. 원망은 遠望

그리든 동생들과
생각든 지친들이

단첨초옥 수간중의
력력히 단취하여

단첨초옥수간중은 短簷草屋數間中. 단취는 團聚.

술잔을 손에 들고
성은을 노래하니

감루가 앞을 서니
가지록 망극하다

감루는 感淚. 망극은 罔極.

남산같이 높아있고
북해같이 깊었으니

남산은 南山. 북해는 北海.

살아서 운수하고
죽어서 결초한들

운수는 隕首, 목숨을 버리고 은혜를 갚음. 결초는 結草, 죽어서 은혜를 갚는 것.

하늘 같은 이 은혜를
만일이나 갚을는가

한입으로 다 못하니
일필로나 적으리라

겨울

북풍이 수류하여
백설이 흩날리니

북풍은 北風. 수류는 颼飅. 백설은 白雪.

절서가 완만하여
어느덧 겨울 일다

절서는 節序. 완만은 緩晚.

공산에 설적하고
만목이 조잔한데

공산은 空山. 설적은 雪積. 만목은 萬木. 조잔은 凋殘.

특립한 저 송백은
네 홀로 청정하니

특립은 特立. 송백은 松柏.

절사의 높은 뜻이

너보고 흥긔한다

절사는 節士. 흥긔는 興起.

상풍이 름률하고

빙벽이 형철한데

상풍은 霜風. 름률은 凜慄. 빙벽은 氷壁. 형철은 瑩澈.

한 조각 밝은 달이

청천에 조요하니

군자의 맑은 마음

너보고 감발한다

군자는 君子. 감발은 感發.

엄동이 이때로다

한사가 주규하니

엄동은 嚴冬. 한사는 寒事. 주규는 綢繆.

누에쳐 명주 낳고

면화 따 무명 짜서

면화는 綿花.

늙은이 명주 입고

젊은이는 무명 입어

의갈이 갖아시니
졸세하기 걱정 없다

의갈은 衣褐. 졸세는 卒歲.

아적에 뜯은 나무
저녁에 다 따히고

여름의 엮은 지즉
어동하기 넉넉하다

어동은 禦冬.

더운방 밝은창의
비궤가 정결하고

비궤는 棐几.

만벽도서 소쇄한데
로향이 애연하다

만벽도서소쇄는 滿壁圖書簫酒. 로향은 爐香.

의관을 정재하고
첨시를 높였으니

의관은 衣冠. 정제는 整齊. 첨시는 瞻視.

용의가 단숙하고

심계가 안온하다

용의는 容儀. 단숙은 端肅. 심계는 心界. 안온은 安穩.

상저가相杵歌(춘가春歌)[10]

이는 이퇴계 선생李退溪先生이 지었다는 방아 찧는 노래인 바 고금가곡古今歌曲이란 책冊에 실린 것.

이바 저장杵長네야

이바는 여보와 같은 말. 저장杵長은 방아 찧는 동무.

이 방하 찧어스라
방하노래 내 부름새

태고太古ㅅ적 혼돈混沌하여
곡식穀食이 없돗던지

태고太古는 예도 옛날. 혼돈混沌은 아직 문화文化가 열리지 못한 것.

신농씨神農氏 시험試驗하여
장기 따부 맹근 후에

신농씨神農氏는 중국고대의 신인神人.

---

10 「拾穗錄 春歌 外」, 『농업조선』 3권 7호, 1940. 8.
『半島史話와 樂土滿洲』(1943. 1.)에도 수록됨.

후직씨后稷氏 따흘 모아
논밭을 분별分別하니

후직 씨后稷氏는 중국고대 요순虞舜 때 농관農官이던 이.

논밭이 삼겼거니
곡식穀食인들 없을소냐

곡식穀食이 비록 난들
찧어 아니 먹을소냐

심산深山의 돋은 남글
자괴로 버혀 내여

확 안치고 고마초아
걸어 내니 방하로다

고리 키를 나와 놓고
우기거니 꺾이거니

명주明珠를 우희는듯
백옥白玉을 마아는 듯

입입粒粒히 신고辛苦한것
행여 한때 들릴서라

우물의 물을 길어
일거니 씻거니

솟 밑의 불을 넣어
지어 내니 밥이로다

이밥 지어 내니
먹을 이도 하도많다

구중궁궐九重宮闕의
우리 임금 헤신후에

일국 신민一國臣民이
뉘 아니 먹을소니

먹고 노닐소냐
할일은 다 있나니

치안 국민治國 安民은
성상聖上의 할일이요

섭리 음양燮理陰陽은
재상宰相의 할 일이요

섭리燮理는 고르게 다스리는 것. 섭리음양燮理陰陽은 그 때에 마땅하게 정사를 하는 것.

승류 선화承流宣化는

정령政令의 할 일이오

승류 선화承流宣化는 정령政令을 받들어 그 지방地方을 잘 다스리는 것. 방백方伯은 관찰사觀察使.

면절 정쟁面折廷爭은

대간臺諫의 할 일이오

면절 정쟁面折廷爭은 임금 앞에는 바른대로 간諫하는 것. 대간臺諫은 간諫하는 관원官員.

절가 어모折衝禦侮는

장수將帥의 할 일이오

절가 어모折衝 禦侮는 적敵을 막고 위로威勞를 부리는 것.

권농 흥학勸農 興學은

수령守令의 할일이오

권농 흥학勸農 興學은 농업을 권장하고 학문을 일으킴. 수령守令은 원, 군수郡守.

팔효 출제八孝出悌는

선비의 할 일이오

팔효출제八孝出悌는 집에서 부모께 효도하고 나가서는 남에게 공손함.

무본 가색務本稼穡은

백성百姓의 할 일이오

무본가색務本稼穡은 농사農事를 근본根本으로 삼고 힘쓰는 것.

친상 사장親上事長은

군사軍士의 할일이라

친상 사장親上事長은 웃사람을 공경히 섬기는 것.

우리도 이 방하 찧어내어

상전上典 공양供養하리라

상전上典은 옛날 종들이 저의 집 양반兩班을 이름. 공양供養은 봉양하는 것.

뵈틀가

이 노래는 한 칠팔십년 광대소리로 유명하던 권삼득權三得이란 이가 지었다는 것임.

월궁에 노던 항아

광한전을 이별하고

월궁은 月宮. 항아는 姮娥. 월궁月宮에 있는 선녀仙女, 광한전은 廣寒殿.

인간에 적거하여
일신이 한가터니

인간은 人間. 적거는 謫居, 귀양 와 사는 것. 일신은 一身

세상에 벗이 없어
금사를 짜랴하고

금사는 金絲.

옥난간 너른 방에
뵈틀 장기 버려놓고

그 우를 둘러보니
다리는 두 다리요

가루쇠 놓인 양은
은하수 오작교라

은하수는 銀河水. 오작교는 烏鵲橋.

그 뉘라 꾸며던고
헌훤시 강 건늘 제

황룡 배를 진 듯

헌훤시는 황제黃帝 헌원씨軒轅氏. 황룡은 黃龍.

말코를 나아차고
부데를 두른 양은

복희시 나릴 적에
북두칠성 두르신 듯

복희시는 伏羲氏. 북두칠성은 北斗七星.

안질개 도두 놓고
그 위에 앉은 양은

한고조 즉위하여
남궁에 좌거한 듯

한고조는 漢高祖. 즉위는 卽位. 남궁은 南宮. 좌거는 左居.

저질개로 팔을치니
패택에 잠긴 용이

패택은 沛澤.

석상에 나려 앉아
적벽하에 목욕 감듯

석상은 石上. 적벽하는 赤壁下.

바디 앞에 순금쇠는
남해수 무지개가

북해수를 둘러는 듯

남해수는 南海水. 북해수는 北海水.

황금북을 내들일 제

청학, 백학, 란봉, 공작

청학은 青鶴, 백학은 白鶴, 란봉은 鸞鳳. 공작은 孔雀.

두견 접동, 비취, 앵무

섯두는 듯

비취는 翡翠, 앵무 鸚鵡.

소래 좋은 바듸 집은

천지벽력 우리는 듯

초한건곤 흔드는 듯

초한건곤은 楚漢乾坤.

팔만진중 섯도는 듯

반죽대 가로 잡고

올올이 틀린 올을

치여잡고 미는 양은

서초패왕 항적이가

삼척금 들어메고

서초패왕항적은 西楚霸王項籍. 삼척금은 三尺劍.

팔만 진중 뛰여 들어와
군사를 헤치는 듯

줄줄이 자는 양은
우기 승승 하온지고

잉어대 삼형제는
현덕, 운장, 익덕이가

현덕은 유현덕劉玄德. 운장은 관운장關雲長. 익덕은 장익덕張翼德.

벗 차레로 진을 친 듯
삼침대 형제분은

사하가 백공이라
외로운 놀림대는

위수변 강태공이
낚시대를 들이온 듯

위수변은 渭水邊. 강태공은 姜太公.

매가리 삼막주는
아방궁 지을 적에

삼도리 흘리는 듯

아방궁은 阿房宮.

아름다운 도토마리
자로자로 뒤이질 제

빼양대 듯는 양은
삼국풍진에
살듯는 형상같다

삼국풍진은 三國風塵.

쇠꼬리 나오락 들어가락
하는 양은

자영이 인끈을 목에 걸고
진자방에 들어가서
항복하는 형상 같고

자영은 진시황秦始皇의 아들 子嬰.

누명 바디 놓인 양은
중추팔월 십오야에

중추팔월십오야는 仲秋八月十五夜.

은하수 물결 같다

금척을 빼여 내여
자자이 겨는 양은

　　금척은 金尺.

만경창파 운무 중에
백룡이 섯 노는 듯

　　만경창파운무중은 萬頃蒼波雲霧中.

일일수경 다 짜내니
운문대단 전포로다

　　일일수경은 一日須頃. 운문대단은 雲紋大緞.

품격이 하 좋으니
금주님께 바치고저 하노라

　　금주님은 今主님.

탄우가歎牛歌[11]

뉘라서 하느님이
공변되다 이르던고

설운진정 하랴하니
목이 메고 가슴 답답

천생의 무삼 죄로
이 즘생이 되야 나서

이렁저렁 곤한 신세
일생 고역 못 면하노

고역은 苦役, 괴로운 일.

인생밧 금수 중에
온갖 즘생 헤여보니

인생은 人生. 금수는 禽獸.

우충 모충 인라충에
삼천삼백 넘건마는

우충은 羽蟲, 조류鳥類. 모충은 毛蟲, 털난 즘생.

11 「拾穗錄-歎牛歌」, 『農業朝鮮』 3권 9호, 1940. 9.

인라충은 鱗蟲과 裸蟲, 어류魚類와 곤충류昆蟲類.

가련할손 육축 중에
설운이는 나 뿐일다

가련은 可憐, 육측 중은 育畜中.

묶인 원수 무삼 죄악
이대도록 있단 말고

죄악은 罪惡.

몸조차 둔박하기
더욱 민망 이러한중

두귀우회 뿌리 돋아
갖게 갖게 삼겨 날사

긔괴 긔괴 하올시고
가소롭다 이내 거동

긔괴는 奇怪.

둔팍하기 이러하니
무슨 풍채 있을손가

풍채는 風采.

천생으로 생긴 코를
남글 휘여 뚫어내니

웃으롭다 농부들아
공양노라 사랑마소

공양은 供養, 먹이는 것.

사랑하야 먹이든가
우리 부될 욕심일다

부될은 富者될.

각대껍질 거츤 거죽
처치 아니 하돗던가

각대는 공ㅅ각대, 콩ㅅ각지.

동섯달 먹여 내매
춘경이 닥쳐오니

동섯달은 冬至섯달. 춘경은 春耕.

삶은 콩에 연한 깍지
그때 공경 어련할가

헌덕석 벗기 치고
보습장기 차려내여

춘모전 몬저 갈고
이내 몸 재진후의

춘모전은 春牟前, 봄보리 전. 재진후는 백진후白盡後.

삼월한식 사월망종
숫붉같이 더운 날에

삼월한식은 三月寒食. 사월망종은 四月芒種.

묵은 달밭 굳은 달밭
구수답 서리친답

달밭은 달莶이나 깃은 발.

서르져 몰아갈 제
쉬지 아니 하건마는

잘하나니 못하나니
우악한 큰 소래의

후릿바 드러지며
꾸짓는 양 가슴 답답

아모리 즘생인들
혈육지신 아니런가

혈육지신은 血肉之身.

큰채를 손에 쥐고
벽력같이 밧비 몰아

우리 아니 뼈다귀오
아리나니 살점일다

멍에 목에 가린 살은
뙤살이 되어세라

가련할손 이몸이오
모질손 사람일다

소 즘생이 되엿으니
부리기야 아니하랴

하로 이를 아니어니
박대치나 말으소서

박대는 薄待.

첩첩히도 긔험헐사
무삼 죄를 지엿관대

장장하일 더운 날의
망조차 입에 끼워

호흡도 못통커든
물인들 먹을소나

호흡은 呼吸.

자진타가 겨우 살아
좋은 풀을 놓았은들

이 몸이 고단하니
먹을 생각 있을손가
사지 삭신 풀어져서
누은 때면 일기 싫고

깊은 병이 절로 들어
헐떡헐떡 답천일다

모긔물고 파리 빤들
손이 있어 긁을소냐

슬믜올손 각다귀요
두루나니 꼬리로다

슬믜올손은 슳고 믜운 것.

한승상이 죽은 후의
하거문을 뉘가 하며

한승상은 漢丞相丙吉. 하거문은 下車門. 병길丙吉이가 수레를 타고 가다가 봄새 소가 헐덕이는 것을 보고 물었다. 이는 시기時氣가 실절失節한 것이라 하였다.

제선왕을 못맞나니
곡속모양 뉘살필고

제선왕은 祭宣王, 중국전국中國戰國때 제나라 님금. 곡속은 觳觫, 공속恐觫하는 것. 제선왕祭宣王이 하루는 죽이러 끌고 가는 소가 무죄無罪히 곡속觳觫하는 양을 보고 차마 죽이지 못하였다는 것.

제왕 한상 깊은 은혜
천추 만대 잊을소냐

귀하올사 코키리는
천자 거승 메는고나

천자거승은 天子車乘

창밧 상직 멍멍개와
고집상직 아옹괴야

구실피다 원망마라
너의 팔자 부러뵌다

외옹 지옹 저벗님네

이내 말슴 들어보오

외옹지옹은 당나귀를 이름

그대팔자 저리 좋와
살죽속집 염옥하고

엉골인들 날 같으며
영매킨들 날 같을가

가장 보기 좋은 거동
휘황하다 저 풍채여

황금구레 고히 꾸며
머리우희 슬금끼고

백옥안장 들어다가
등우희 지어내니

일신광채 거록하고
영롱하기 짝이 없다

가지각색 짓을 내여
화류장안대도상의

화류장안대도상은 花柳長安大道上.

이리 가락 저리 가락
빗기 놓아 가을 적에

칠보장식 산호견을
궁둥이의 넌짓 저서

벽옥제를 흩어지며
온갖 재조 다할 적에

벽옥제는 璧玉蹄

주목왕의 팔준마는
요지춘풍 희롱하고

주목왕은 周穆王. 팔준마는 八駿馬. 요지춘풍은 瑤池春風.

초패왕의 오추마는
광무산에 횡행하고

초패왕은 楚覇王. 오추마는 烏騅馬.

저러틋 좋은 형상
우리팔자 부러보소

서주 남묘 온갖 일에
자신토록 부리다가

서주남묘는 西疇南畝

늙은 후나 고이 두어
천명으로 죽어 볼가

춘경 추수 다한 후에
솜씨 좋은 거멀장이

서리같은 새도채로
죽이기를 재촉하니

정신넋이 있을손가
흐르나니 눈물일다

서울에는 병판, 형판
각 읍에는 감사, 병사

병판, 형판은 병조판서兵曹判書, 형조판서刑曹判書. 감사, 병사는 監司, 兵使.

각관각사 대소좌긔
혼인 장사 수연잔치

우리고기 아니러면
무엇으로 꾸며낼고

별성님께 다담상의

제일은 양회, 간회

양회, 간회는 脾膾, 肝膾.

가리찜과 족편이며
염통산적 길혀 두져

양지머리 살코기는
사람마다 맛을 들여

저리 좋아 먹을 적에
바릴 것이 있을소냐

뿔구하는 궁장이며
총구하는 체장사며

궁장인은 궁인弓人.

털구하는 미장이며
똥구하는 풀두쟁이

발구하는 관자쟁이
가죽까지 달화내여

청청 다래 자리농과
목화바침 당혜창에

목화는 木花, 당혜는 당혜唐鞋.

골절이나 절로 있어
따헤 무쳐 가게하소

흉악할손 가리쟁이
조각내여 환에 설어

쉰백님의 근봉투서
호판님의 상육 사위

부인님네 자밋코리
빗치개를 하여내니

가장보기 좋습던가
바릴 것이 있을는가

방긔 눈ㅅ곱 하픠음에
또 무엇을 바리든고

이내 팔자 생각하면
궁흉극악 가소롭다

궁흉극악은 窮凶極惡

치산가治産歌(上)[12]

— 이 노래는 이 근대近代 창극 지도자唱劇指導者로 고명高名하든 고창高敞신오위장申五衛將의 가사본歌辭本에 적힌 것인바 다른 사본寫本에 적힌 것들과는 그 사설辭說이 아주 다른 것이다. —

이보 소년들아
긔한로인 웃지 마소

소년은 少年. 긔한로인은 飢寒老人.

젊어서 방탕하면
이러하기 면할소냐

방탕은 放蕩, 부랑함.

칠십이 당한 후에
세상을 깨달으니

긔력이 쇠잔하면

12 「拾穗錄 治産歌 (上)」, 『농업조선』 3권 10호, 1940. 10.
『半島史話와 樂土滿洲』(1943. 1.)에도 수록됨.

무슨일을 성사하랴

성사는 成事, 일을 이름.

내 형상 자세 보오
헛되이 노지 마소

부지런고 검박하면
가장즙물 절로 있네

가장즙물은 家藏什物.

사치하고 무도하면
범법수죄 자로하고
패가망신 아조 쉽네

무도는 無道. 범법수죄는 犯法受罪. 패가망신은 敗家亡身.

치산가 한 곡조를
범연히 듣지 마소

창업하기 어렵건과
수성하기 더 어렵네

창업은 創業. 수성은 守成.

어렵다고 마지 마소
쉬운 것이 집에 있네

부산림야하여
터도장을 널리하여

부산림야는 負山臨野.

줄줄이 과목심어
돈진사람 오게 하소

과목은 果木.

고물고물 채소노와
반찬값을 내지 말며

꾸지 상목 치려하여
일시 잠농 힘써 하소

꾸지상목은 꾸지뽕나무. 일시 잠농은 一時蠶農.

궁가의 반명정사
잔돈푼이 더 어렵네

궁가는 窮家. 반명정사는 班名政事. 얌전히 지내기.

세간미천 생각하니
농사밖에 또 있는가

농사는 農事.

마무르고 높은 논도

거름하면 곡식 되네

오짐 똥이 밥이 되고
밥이 도로 똥이 되니

그러한 줄 모르고서
이내 몸의 있는 거름

오짐 똥을 한 데 보면
옷과 밥이 어서 날꼬

칙간에 문을 달면
그 아니 부술인가.
부술은 富術. 부자되는 법.

나무, 벼ㅅ눌 묵어나면
농사장원 할 것이오

온갖 곡식 추수하여
종자를 깊이 넣고
추수는 秋收. 종자는 種子.

검부적이 흩지 말고
그 땅에 가게 하소

경종을 실시 말고
운초를 자로 하면

경종은 耕種. 운초는 耘草, 김매는 것.

오곡이 번성하고
백곡이 씨러지네

남의 부귀 부러 말고
숨은 자랑 있게 하소

나라가 위태하면
어진 정승 생각하고

내 집이 가난하면
어진아내 생각하소

내 집 가세 흥망키는
모도다 처공이라

처공은 妻功.

순한 것이 복이 되고
악한 것이 화망이라

일하는 체 말 잘하면

친척불화 뿐이로다

친척불화는 親戚不和.

쓸데없는 사설 말고
질삼하기 명심하소

명심은 銘心, 맘먹는 것.

남의 말 예다 제다
옮겨 리간 부듸 마소

리간은 離間.

밖에로 두류키는
가장에게 매어있고

가장은 家長.

안으로 두류키는
가모의 할 탓이라

가모는 家母.

생 곡식 여키쓰고
익은 곡식 난아 먹소

천한 곡식 모두우고
귀한 곡식 질게 쓰고

아침마다 뜰을 쓸어
몬지 검불 없게 하소

밤마다 불을 켜고
물레잣기 벗을삼소

맥도 못다 먹고
차차로 묵어나면

맥은 麥.

참 곡식이 넉넉하여
자연 진곡이 묵어난다

진곡은 眞穀.

질삼도 반농사라
철철이 입은 후에

반농사는 半農事.

모시삼베 몇 필이며
명주세포 해묵었다

명주는 明紬, 明主. 세포는 細布, 가는 베.

소야치 큰 소되고
여운 말이 살지겄다

전답을 살지라도
소경 묻고 되깟보소

소경은 稅金.

사기그릇 놋쇠수ㅅ가락
어늬 음식 맛 변할가

무명옷 삼베옷이
치위 더위 못 면할가

사치하고 무도하면
패가망신 절로 쉽네

사치하는 기물 등은
중가주고 사치말소

중가는 重價.

사치하고 의관 등은
의식으로 무엇하리

의관은 衣冠.

가난한 원근친척
차례로 구급하소

원근친척은 遠近親戚. 구급은 救急.

빚주기 봉수하기
상전이 절로 난다

봉수는 證人. 상전은 上典, 종이 그 主人을 이름.

평안하면 일 얻으매
내 집 조심 극히 하소

부규에 남의 험악
원수를 맞아내며

취중의 남의 시비
욕설이 절로 온다

취중은 醉中.

뜻낫채고 말 잘하면
미워하리 뉘 있으며

참고참고 또 참으면
싸오자리 뉘 있을가

천지간의 생겨나서
원수없이 살을지라

노속은 수족이라

젠들아니 인생인가

노속은 奴屬. 수족은 手足.

분의 비록 달랐으나

마음조차 다를소냐

분의는 分義.

애정이 깊게 하면

반심이 절로 없고

사축이 나게 하면

긔망상전 어이하리

사축은 私蓄, 저도 돈을 진히는 것. 긔망상전은 欺罔上典, 상전을 속이는 것.

다솝밥에 호령하면

어늬 종이 심복하랴

부부일가 화목하면

온갖 일을 순성하네

부부일가는 夫婦一家. 화목은 和睦.

마음이 화평하면

가내도 평안하리

일변으로 치산하여
일변으로 봉양하소

일변은 一邊.

부모연세 싀어른이
섬길 날이 아조 적네

부모년세는 父母年歲.

지성으로 효양하면
천우신조 아니할가

천우신조는 天祐神助.

옷깃에 찡이 들고
옷 위에 자래 그네

혼정신성 하려니와
유필유방 할 것이오

혼정신성은 昏定晨省. 유필유방은 遊必有方.

요망되 꾸종 듯고
낯빛을 변치 말소

애매하고 설은 말도
웃고 대답 부듸하소

봉제사 접빈객은

조심하여 하려니와

봉제사접빈객 奉祭祀接賓客.

형제처자 화락하면

어찌 아니 칭찬하리

치산가治産歌(下)[13]

붕우유신 힘을 쓰고
부자유친 하랴기면

붕우유신 朋友有信. 부자유친 父子有親.

어찌 아니 제가 될꼬
뭇사람이 칭찬하네

제가는 齊家.

어와 세상 사람들아
이렇듯이 아니하고
금수를 면할손가

만일에 허랑하여
이 세간을 못지키면

부모효양 어찌하며
자식도리 어찌 할가

풍년에 행걸동내
흉년에 류리타관

13 「拾穗錄-治産歌 (下)」, 『농업조선』 3권 11,12호, 1940. 11,12. 『半島史話와 樂土滿洲』(1943. 1.)에도 수록됨.

행걸동내 行乞洞內, 동내로 다니며 빌어먹는 것. 류리타관은 流離他官 즉 타향他鄕으로 돌아다니며 빌어먹는 것.

이렁저렁 다니다가
남의 따에 죽어지면

어늬 친구 굽어볼가
다만 조객 가마귀라

조객은 吊客.

창업수성 생각하면
그 아니 두려온가

어와 가소롭다
저 집 치찬 가소롭다

인사 다 바리고
욕심을 전주하니

내 몸의 이할성정
남의 말 저러할 제

연고 없시 궐제하고
인정없이 축객하네

궐제는 闕祭. 축객은 逐客.

한 되 것 앗기다가
열섬ㅅ것 해재하네

당당한 일 안하다가
남의 입을 뉘 막을고

자식노릇 못하면서
제 자식만 옛버하고

손자노릇 못하면서
제 손자만 중이 아네

그른 일과 오른 일이
대대로 유공되네

제 자식 길러내어
무슨 뉘를 보랴는고

익은 음식 혼자 먹고
유무상자 아니하니

유무상자는 有無相資.

일가에 독부되고
남의구설 일어난다
　　독부는 獨夫. 구설은 口舌.

화망에 빠진 후의
뉘라서 구완할가

무례하고 무도한집
패가할 놈 절로난다
　　무례는 無禮. 무도는 無道. 패가는 敗家.

가법이 이러하니
세간의 풍월이라
　　가법은 家法. 세간은 世間. 풍월은 風月.

이사람 그 말 마오
말하는 금수로다
　　금수는 禽獸.

어화 가소롭다
또한 소년 가소롭다
　　소년은 少年.

부모덕에 편히 살아

눈이 높고 손이 커서

지체 따라 의관하고
조백으로 반병투정

조백은 糟粕.

이리모화 회치하고
저리모화 장채하네

행창유녀 고호하고
수절부이 박대하네

행창유녀는 行娼遊女. 수절부는 守節婦.

역천음란 이를 삼고
애친경장 전혀 없네

역천음란은 逆天淫亂. 애친경장은 愛親敬長.

내기ㅅ장기 투전골패
주야로 일을 삼아

혼상에 허긔내여
남의눈만 위하는고

혼상은 婚喪. 혼인婚姻과 초상初喪.

친구 벗만 중이 알고
치산감농 꿈이로다

치산감농은 治産監農.

이집 술값 저집 술값
해달로 밀어간다

사례는 허락마락
출입이 여긔저긔

출입은 出入.

환상사빗 간듸없고
긔물 전답 진일소냐

환상은 還上. 긔물전답은 器物田畓.

굼노라 사정하고
이것 달라 저것 달라

지친이 눈이 치며
어느 벗이 반겨하랴

앞세우고 뒤세우고
지체 없이 나갔다가

어느 따이 객고되고
듣도보도 못하리라

어화 가소롭다
저 댁 집 가소롭다

때때로 낮잠 자고
무듸무듸 군동자라

가을손이 저리 곱고
봄배를 어이하리

엿장사 떡장사는
애기 핑게 탐집하고

무명물레 삼전지
아히염 지지게라

사기롭고 손이 검어
남의눈을 하 속인다

초매 끝이 점점 헐어
얻은 량식 다 흐른다

세간은 졸아지고
사설만 늘어간다

가장이 꾸결하면
원악이 대답하고

시부모 꾸중하면
옥 걸어서 대답하네

매일없이 성을 내어
예쁜 자식 뚜다리며

함박 조박 몸살하고
소드랑이 베락치네

너도 늙어 부모되야
그 앙화를 받으리라

시가 가품 선악키는
도시 제게 매였도다

허다 소년들아
이 몸이 생긴 후에

살아사 명이 되고
먹어야 복이로다

효양도 의식이요
제절도 의식이라

당신이 보약하면
음식을 념려하라

이 세간 불어나며
귀한 일도 하고많다

환상사빗 간듸 없고
의식이 풍족하리

봉친봉양 정성대로
대인급인 마음대로

초당의 글 소래
제든단방의 베틀소래

창을 열고 들어보니
이아니 자미런가

먼듸 친척 찾아오는
팔로친고 들어오네

말로 복심되고
이웃사람 화락하리

앉아서 인사 얻고
누워서 놉부리네

환해의 떠는
풍파를 어이할고

이내 집 공후작을
다루리 뉘 있을가

공후작은 公侯爵.

치산이라 하는 법이
근본없이 하올손가

이룰칫자 살림살이
절단없이 얻을손가

선영천덕 받은 사람
부귀공명 하여있고

자손치레 하온사람
편히앉아 먹는고나

부귀를 부러하고
빈천을 무서하소

오직하여 가난한 것
용천에다 비할소냐

용천은 문둥이.

귀하고 천한 것을
격심하며 못할소냐

일심정력 묵은 마음
십년이 변치 마소

십년지절 가졌으면
못할 것이 전혀 없네

앙망불급 할 것이니
부귀는 못하여도
빈천은 면해 보소

앙망불급은 仰望不及. 빈천은 貧賤.

십년을 힘을 쓰면
못되는 일이 없느니라

농사하는 것이
천하의 근본이라

남자의 근본은
농사에 힘을 쓰고

녀자의 하는 것은
질삼을 힘을 쓰소

초매끈을 졸라매고
두 눈에 불을 켜소

어찌하여 불을 켤가
독히 하라 한 말이라

나무라도 앗겨 때고
불조심 극히 하소

염장도 앗겨 먹고
밥 한 술 정이 알소

도장에 들어가면
량식 떠서 덜어내어

한되ㅅ것 밀워지면
한말곡식 남아가고

한 말 곡식 남어지면
한 섬 곡식 밀려지네

돈 한 푼 생기거든
섬을 내게 담어두고

자치베가 생기거든
헌옷 깁기 생각하소

안악게서 돈을 알면
살림살이 못되나니

호미ㅅ자리 되게 잡고
이 골 매고 저 골 매어

해지는 것 민망하게
젖 달라고 우는 자식

불을 때며 젖을 주고
보채어 우는 자식
품에 앉고 물레질

물동이 새암ㅅ길에
이웃집 사설 말고

불그렁이 손에 들고
이 집 저 집 가게 말고

안악소래 밖에 가면
외정이 욕이 되네

이문목도 결심하야
낮은 말을 궂게 알고
좋은 일을 잊지 마소

낮고 좋은 일은
부듸부듸 조심하소

자식을 잘 가르치면
살림살이 방불하면

당혼된 딸자식의

성부가에 청혼이요

아들자식 글 잘하면
부귀가의 구혼이라

옛적 석숭도
신치긔가 하여있고

석숭은 石崇, 중국시대 진晉의 큰 부자富者. 신치긔가 身致起家.

가빈호독 진유자도
륙국정승 되었다네

가빈호독은 家貧好讀. 진유자는 秦遊子, 중국고대의 소진蘇秦. 륙국정승은 六國政丞

이 말을 알면
제 집 제 신상 곤고하고

이런 뜻 깊이깊이
생각하야 힘쓰는

장부부인은
족과평생 하리로다

장부부인은 丈夫婦人. 족과평생은 足過平生.

허랑케 먹지 말고
관답수답 농사하여

관답수답은 官畓水畓.

추수타조 한연 후에
왕세선척 제수하고

추수타조는 秋收打租. 왕세선척은 王稅船隻. 제수는 除授.

남은곡식 이리저리
이달저달 명심하야

생곡식 동을 대며
질쌈한 돈 앗겨 쓰고

공물대답 한연 후에
한량두량 수십 량을

공물은 貢物, 나라에 바친 물건.

짬짬이 모왔다가
논도 사고 밭도 사고

이리저리 하거드면
자연치가 되나니라

역대歷代의 농정고農政考[14]

이병기李秉岐

그동안 습수록拾數錄으로 권태倦怠를 느낄 만큼 여러 가지 농가農歌를 말하여온바 이번에는 이와 같은 딴 제목題目으로 옛날 사책史冊에 나타나는 농정農政에 대한 사실事實을 뽑아 조선말로 옮겨 놓고 약간 생각나는 바를 말하여 몇 천 년千年 동안 과거過去의 이것을 어떻게 하였든가를 함께 알려 하고 더 깊이 연구硏究하시려는 이에게는 이로써 저기 손쉬운 한 참고參考나 삼게 하자는 것이다.

> 고기古記에 이르되 옛날 환인桓因의 서자庶子, 환웅桓雄이가 자조 천하天下에 뜻을 두고 인세人世를 욕심내매 아버지가 아들의 뜻을 알고 삼위태백三危大伯을 나려다 보고 인간人間을 홍익弘益함직 하다하고 천부인 세 개天符印三箇를 주어 가서 다스리라 하였다. 웅雄이 그 무리 삼천三千을 거느리고 태백산太伯山 꼭대기 신단神壇 나무 아래로 나려오니 이를

---

14 「歷代의 農政考」, 『농업조선』 4권 1호, 1941.
『半島史話와 樂土滿洲』(1943. 1.)에도 수록됨.

신시神市라 환웅천왕桓雄天王이라 이른 바 풍백 우사 운사風伯雨師雲師를 거느리고 곡穀을 주主하고 명命을 주主하고 형刑을 주主하고 선악善惡을 주主하여 무릇 인간 삼백여사人間三百餘事를 주主하고 세상에 계시어 이화理化하였다.

—삼국유사三國遺事

그중 곡穀을 주主하였다 함은 태초太初부터 농정農政을 으뜸으로 삼았던 바이다. 과연 기후풍토氣候風土가 농사짓기에 적당한 이 땅에 천하天下의 근본根本인 농사農事를 그와 같이 힘써온 것은 당연한 일이다.

부여夫餘는 동이東夷의 역域에서 땅이 가장 평창平敞하게 되었고 오곡五穀이 잘 되느니라.

—후한서後漢書

동옥저東沃沮는 땅이 걸고 산山을 등지고 바다를 향向하여 오곡五穀이 잘되고 전종田種을 잘 하느니라.

—후한서後漢書

마한馬韓 사람은 전잠田蠶할 줄을 아느니라.

—후한서後漢書

진한辰韓은 땅이 길고 오곡五穀과 벼가 잘되고 잠상蠶桑 할 줄을 아느니라.

—삼국지三國誌

> 예濊는 삼을 심고 누에를 기르느니라.
>
> —후한서後漢書

> 기자箕子가 조선朝鮮으로 가서 그 백성百姓에게 예의禮儀, 전잠田蠶, 직작織作을 가르치었다.
>
> —한서漢書

> 기자箕子의 화畵한 바 정전井田이 평양구성平壤舊城 안에 있는데 형제形制가 상기 남아 직로直路처럼 되었다.
>
> —조선부주朝鮮賦注

이는 잘못 알은 것이다. 기자箕子가 지금 평양平壤에 들어와 도읍都邑을 하였다는 것도 의문疑問이러니와 정전井田이라 운운云云하는 것은 실상 정전井田의 유적遺蹟이 아니고, 고구려국도高句麗國都의 시가구획市街區劃의 유적遺蹟이다. 옛날 여러 학자들이 정전도설井田圖說 등을 굉장히 떠들었으나 이 근래近來 정확正確한 조사調査와 연구硏究로서 또렷이 판명判明된 것은 다시 말할 것이 없다.

> 부여왕扶餘王 해부루解夫婁는 단군檀君의 아들이다. 늙어 아들이 없어 산천山川에 제祭하고 아들을 구하더니 그 탄 말이 곤연鯤淵에 이르러 큰 돌을 보고 눈물을 흘리매 왕이 괴이하여 사람을 시키어 돌을 굴리고 보니 금색金色개구리 모양인 아이가 있는지라 왕은 「이는 하늘이 내게 주신 아들이라」 하고 거두어 길러 이름을 금와金蛙라 하고 세워 태자太子를 삼았다. 그 정승 아난불阿蘭弗이 말하되 「어제 하늘님이 내게 나려와 하시는 말씀이 내 자손子孫으로서 나라를 예다 세울 터이니 너는 피하라. 동해東海가에 땅이 있으니 가섭원迦葉原하라 하는데 오곡五穀이 잘 되니

도읍都邑 함직하다」 하였다. 이에 왕을 권하여 도읍都邑을 옮기고 동부여東扶餘라 하였다.

—세종실록지리지世宗實錄地理誌

이렇듯 도읍都邑을 옮기는 데도 오곡五穀이 잘되니 도읍都邑함직 하다는 것을 가장 중대重大하게 말하였다. 얼마나 그 웅심雄心, 원대遠大한 뜻이랴.

주몽朱蒙이가 달아나려 할 때 차마 그 어머니를 떨어질 수 없어 하매 그 어머니는 「너는 나를 걱정하지 말라」 하고 오곡五穀의 씨를 싸주었다. 주몽朱蒙은 그 중 보리씨를 잊고 나무 아래에 와서 쉬더니 비둘기 한 쌍이 날아와 나뭇가지에 앉었다. 주몽朱蒙은 「응당 이건 어머니께서 보내신 보리씨리라」 하고 활을 쏘아 떠러트려 그 입을 열고 보리씨를 내고 물을 품어 다시 비둘기를 살리었다.

—세종실록지리지世宗實錄地理誌

이는 고구려 시조高句麗始祖 동명왕東明王 고주몽高朱蒙이 북부여北扶餘에 있을 때 금와金蛙의 일곱 아들이 시기猜忌를 하여 기어이 죽이려 하매 그 어머니가 알고 멀리 남토南土에 가서 나라를 세우고 님금 노릇을 하라 하여 달아날 때 일이다. 그때에는 그 어머니가 주신 것이 오곡五穀씨였다. 어렵漁獵, 목축牧畜이 성하던 그때에도 보다 더 중요한 것은 곡식이었다. 그것을 그렇게 여길 만큼 발달이 되었던 것이 아닌가 한다.

고구려 유리명왕琉璃明王 이십일 년二十一年 춘삼월春三月에 교시郊豕가 뛰어 달아났는데 왕이 장생掌牲 설지薛支를 시켜 쫓게 하였다. 국내國

內 위나암慰那岩에 이르러 잡아 국내 인가人家에 기르게 하고 돌아와 왕을 보고 「신臣이 돼지를 쫓아 국내國內 위나암尉那岩에 이르러 그 산수山水의 깊고 험함과 땅에는 오곡五穀이 잘됨과 또 미록어오麋鹿魚鱉이 많음을 보고 만일 도읍都邑을 그리 옮기면 민民만 무궁無窮 할 것이 아니라 병혁兵革의 걱정도 없을 것이외다」 하였다. 그러고 그 이듬해 동冬 시월十月 국내國內로 천도遷都하였다.

—삼국사기三國史記

이 천도遷都에는 산수山水가 험하여 외적外敵을 방비防備하기 좋겠다는 것도 있지마는 역시 오곡五穀이 잘된다는 것을 끔찍히 하였다.

고구려高句麗는 큰 산山과 깊은 골이 많고 사람이 곳을 따라 살고 전업田業은 적었다.

—삼국지三國誌

이전 고구려의 지리를 잘 말한 것이다. 고구려가 그렇게 무강武强하였던 것도 여기에 한 이유가 있는가 한다. 여러 강한 나라들과 인접隣接하여 방어防禦도 하여야 하려니와 식량食糧을 얻기 위하여서라도 또는 남을 침략侵略하여야 할 것이다. 그러자니 자연 용맹勇猛함을 숭상崇尙할 수밖에 없을 것이다.

백제시조 온조왕溫祚王이 고구려 동명왕의 아들이든 바 동명왕이 일찍 북부여에 있을 때 낳았던 아들이 찾어와 태자가 되매 그 태자에게 용납이 안 될가 하고 그 형님 비류沸流와 오이烏伊, 마리馬黎 등 십 신하十臣下를 다리고 남으로 와 한산부아암漢山負兒岩을 올라, 살만한 곳을 바라보매 비류沸流는 바닷가에 살고자 하였다. 십신十臣이 간諫하되 「다만 이 하남河南 땅은 북으로 한수漢水를 띠고 동으로 높은 산이 웅거하고 남으로 옥택沃澤이 바라보이고 서으로 큰 바다가 막혔으니 그 천험天險과 지리地利는 얻기 어려운 형세形勢니 예다 도읍都邑함이 좋지 않으리까」 하였다. 비류沸流는 듣지 않고 미추彌鄒 인천 부근仁川附近에 가서 살고 온조溫祚는 하남河南 위례성尉禮城에 도읍을 하였는데 비류沸流는 얼마 안 되어 망하고 그 신민臣民들은 다 위례성慰禮城으로 돌아오매 선호鮮號를 백제라 하였다.

—삼국사기三國史記

이 정도定都에도 남으로 옥택沃澤을 바라본다는 것은 농리農利를 말함이다. 이것이 지리地利의 하나이다. 그 생장生長하던 곳보다도 더 따뜻하고 비옥肥沃한 이 땅에 와서 먼저 이런 점을 주목注目하였을 것이다.

온조왕溫祚王 13년十三年 하5월夏五月에 왕이 신하더러 이르되 「동에는 낙랑樂浪이 있고 북에 말갈靺鞨이 있어 국경을 침노하여 편안한 날이 적으니 장차 천도遷都를 하고자 하노라. 내 이제 한수漢水의 남쪽을 가본즉 땅이 기름지니 게다가 도읍을 하여 오래 편안할 꾀를 하려 하노라」 하고 그 이듬해 정월에 환도還都를 하였고 이월에는 왕이 도락都落을 순무巡撫하며 농사를 힘써 권하였고 삼십팔년 삼월에는 사신을 보내어 농상農桑을 권하고 그 급하지 않은 일로 백성을 괴롭게 하는 건 다 제除하였다.

—삼국사기三國史記

다루왕多婁王 6년六年 춘이월春二月에 령令을 나려 남주군南州郡에 비로소 도전稻田을 지었고 십일 년에 가을 곡식이 되지 못하여 백성이 사사로 양주釀酒함을 금禁하고 사십년 하夏 유월六月에 열흘ㅅ동안이나 큰비가 와서 한강漢江물이 창일漲溢하고 백성百姓의 집이 무너지고 추칠월秋七月에는 유사有司를 시켜 수파 난 논들을 고치었다.

—삼국사기三國史記

구수왕仇首王 9년九年 춘春 2월二月에 유사有司를 시켜 제방堤防을 고치고 3월三月에는 령令을 나려 농사를 권하였다.

—삼국사기三國史記

고이왕古尒王 9년九年 춘春 이월二月에 국인國人을 명命하여 도전稻田을 남택南澤에 쳤다.

—삼국사기三國史記

아신왕阿莘王 11년十一年에는 크게 가물어 화묘禾苗가 다 말랐는데 왕이 친히 횡악橫岳에 제祭하고 비가 왔다.

—삼국사기三國史記

비유왕毗有王 21년二十一年 추칠월秋七月에 가물어 곡식이 여물어 들지 아니하매 백성이 주리어 신라로 유입流入한 이가 많았다.

—삼국사기三國史記

무령왕武寧王 10년十年 춘春 정월正月에 영令을 나려 제방堤防을 완고完固하게 하고 내외內外에 유식游食하는 이를 쫓아 보내어 농사를 짓게 하였다.

—삼국사기三國史記

백제는 그 백성이 토저土著하고 땅이 하습下濕한 곳이 많아 거의 다 산에 살며 오곡五穀이 있느니라.

—후위서後魏書

신라新羅 시조始祖 혁거세赫居世 거서간居西干 십칠 년十七年에 왕이 육부六部를 순무巡撫하고 농상農桑을 권독勸督하여 지리地利를 다 하도록 하였다. 30년三十年에는 낙랑인樂浪人이 군사軍士를 거느리고 와 침노하다가 밤에도 싸리문을 닫지 않고 노적露積이 들에 쌓인 것을 보고 서로 이르되

"이 지방 백성은 서로 도적질도 않으니 도道 있는 나라라 함직하다. 우리가 가만이 들어와 치는 것은 도적과 다름이 없으니 부끄러운 일이 아니냐"

하고 그냥 물러갔다. 삼십팔년三十八年 춘이월春二月에 표공瓢公을 마한馬韓에 보내매 마한왕馬韓王이 표공瓢公을 꾸짖어 가로되

"진변이한辰卞二韓은 우리나라의 속국屬國이 되었는데 직공職貢을 들이지 않으니 사대事大하는 예禮가 이럴가 보냐"

하였다. 표공瓢公은 대답하되

"우리나라는 2성二聖(혁거세 왕赫居世王과 왕비王妃)이 조흥肇興한 뒤로 인사人事가 닦여지고 천시天時가 화和하여 창고倉庫가 가득 차고 인민人民이 경양敬讓하여 진한辰韓 유민遺民으로부터 변한卞韓, 낙랑樂浪 등 사람까지 두려워하지 않는 이가 없으되 우리 임금이 겸허謙虛하여 하신下臣을 보내어 수빙修聘하오니 예禮에 과하다 하겠나이다."

하였다. 마한 왕馬韓王은 노하여 표공瓢公을 죽이려 하다가 좌우左右가 간諫하여 말았다.

—삼국사기三國史記

유리니사금儒理尼師今 9년九年에 육부六部를 개정改定하고 육부六部를 둘로 나누고 왕녀王女 두 사람으로 각기 그 부내部內 여자女子를 거느려 편을 지어가지고 추칠월秋七月 십육일十六日로부터 날마다 대부大部의 마당에 모여 질삼을 하다가 밤에 파하고 팔월八月 십오일十五日에 그 공적功績의 어떻함을 고사考査하여 진 편은 주식酒食을 작만하여 이긴 편에게 사례謝禮케 하고 그날 가무歌舞와 온갖 노리를 다 하고 이를 가배嘉俳라 하였다.

—삼국사기三國史記

노례왕弩禮王(유리왕儒理王)때 비로소 여사藜耜와 장빙고藏氷庫를 만들고 거승車乘을 만들었다.

—삼국유사三國遺事

파사니사금婆娑尼師今 3년三年 정월正月에 영슈을 나려 가로되

"이제 창름倉廩이 비었고 융기戎器가 무디었으니 만일 수한水旱의 재앙과 변비邊鄙의 일이 있으면 어찌 막으랴. 유사有司로 하여 농상農桑을 권하고 병초兵草을 훈련訓練하여 미리 방비防備하게 하라."

하였다. 삼십 년三十年 추칠월秋七月에 황충蝗蟲이 일어 곡식을 해害칠새 왕이 산천山川에 돌아다니며 제祭하고 빌었다. 황충蝗蟲은 없어지고 풍년豊年이 들었다.

—삼국사기三國史記

일성니사금逸聲尼師今 11년十一年 춘이월春二月에 영슈을 나려

"농자農者는 정치政治의 근본根本이요 먹는 건 백성百姓의 하늘이니 여러 주군州郡의 제방堤防을 완전完全히 고치고 전야田野를 널리 치어라"

하였고 또 영슈을 나려 민간民間에서 금은주옥金銀珠玉을 쓰는 걸 금禁하

였다.

—삼국사기三國史記

벌휴니사금伐休尼師今 4년四年 춘삼월春三月에 영令을 나려 주군州郡에서 토목土木 일을 하여 농사農事 때를 빼앗지 말라 하였다.

—삼국사기三國史記

나해니사금奈解尼師今 3년三年 하오월夏五月에 국서國西에 큰물이 났다. 수주현水州縣의 일년一年 조조租調를 면免하다.

—삼국사기三國史記

흘해니사금訖解尼師今 9년九年 2월二月에 영令을 나려

"이왕에는 가물어 연사年事가 잘되지 못하였으되 이제는 땅이 기름지고 농사가 시작되었으니 무릇 백성을 수고롭게 하는 일은 다 그치어라." 하였고 이십일 년에는 비로소 벽골지碧骨池를 만들었는데 그 언덕의 길이가 일천팔백보一千八百步이다.

—삼국사기三國史記

벽골지碧骨池는 지금 전라북도 김제군에 있는 바, 이것이 수리사업水利事業의 효시嚆矢다. 벌써 천육백십 년 전 일이다.

눌지마립간訥祇麻立于 22년二十二年에 백성에게 우거牛車의 법法을 가르치다.

—삼국사기三國史記

경지마립간炤知麻立干 16년十六年 춘정월春正月에 놀고먹는 이를 좇아 보내어 농사를 짓게 하다.

—삼국사기三國史記

지증마립간智證麻立干 3년三年 춘삼월春三月에 주군주州郡主를 명命하여 농사를 권하고 비로소 소牛를 써 논밭을 갈았다.

—삼국사기三國史記

문무왕文武王 21년二十一年 칠월七月 일일一日에 왕이 훙薨하고 그 유조遺詔에는

"병과兵戈를 녹여 농기를 짓고 창름倉廩을 구산丘山처럼 쌓아라." 하였다.

—삼국사기三國史記

원성왕元聖王 6년六年 춘정월春正月에 벽골제碧骨堤를 증축增築하는데 전주全州 등 7주七州 사람을 불러 역사役事를 하였다.

—삼국사기三國史記

헌덕왕憲德王 6년六年 하5월夏五月에 국서國西에 큰물이 났다. 사신使臣을 보내어 무문撫問하였고 물을 겪은 주군州郡 인민人民에게는 일년一年의 조조租調를 회복回復하다.

—삼국사기三國史記

헌안왕憲安王 3년三年 하4월夏四月에 제방堤防을 고치고 농사農事를 권하였다.

—삼국사기三國史記

헌강왕憲康王 6년六年 추8월秋八月에 태주態州에서 가화嘉禾를 들이었다. 9월九月 9일九日에 왕이 좌우左右로 더불어 월상루月上樓에 사방四方을 바라보매 경도京都의 민옥民屋이 서로 연連하고 가취歌吹ㅅ소리가 끝이지 않는지라. 왕이 시중侍中 민공敏恭더러 이르되

"내, 들으니 민간民間에서 집을 개와로 이어 집은 쓰지 않고 밥은 숯불을 피워짓고 나무는 때지 안는다 하니 그 말이 옳은가?"

하였다. 민공敏恭은 대답하되

"신臣도 일찍 이와 같이 들었습니다."

하고 인하여 아뢰되

"상上이 즉위卽位하신 뒤로 음양陰陽이 고르고 풍우風雨가 순하고 해마다 풍년이 들어 백성百姓의 양식糧食이 풍족豊足하고 변경邊境이 조용하고 시정市井이 질거워하니 이는 성상聖上의 덕입니다."

하매 왕은 기뻐하며

"이는 경등卿等의 보좌輔佐한 힘이지 짐朕이 무슨 덕德이 있으랴?"

하였다.

—삼국사기三國史記

신라新羅에는 밭이 심히 걸어 수륙水陸에 겸하여 심느니라.

—수서隨書

고가사古歌詞 이편二篇

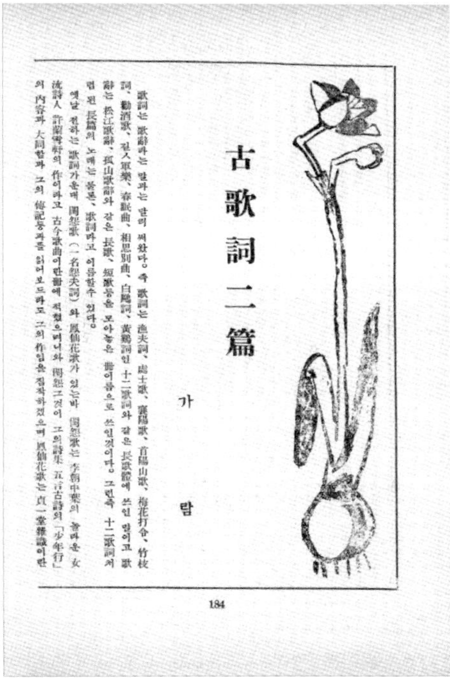

古歌詞二篇

가람

歌詞는 歌辭라는 말과는 달리 써왔다。즉 歌詞는 漁夫詞、處士歌、襄陽歌、首陽山歌、梅花打令、竹枝詞、勸酒歌、길人軍樂、春眠曲、相思別曲、白鷗詞、黃鷄詞인 十二歌詞와 같은 長歌體에 쓰인 말이고 歌辭는 松江歌辭、孤山歌辭와 같은 長歌、短歌등을 모아놓은 冊이름으로 쓰인것이다。그런즉 十二歌詞처럼된 長篇의 노래는 통튼、歌詞라고 이름할수 있다。

옛날 전하는 歌詞가운데 閨怨歌(一名怨夫詞)와 鳳仙花歌가 있는바 閨怨歌는 李朝中葉의 놀라운 女流詩人 許蘭雪軒의 作이라고 古今歌曲이란冊에 적혔으며나와 閨怨그것이 그의詩集 五言古詩의「少年行」의 內容과 大同함과 그의 傳記등과를 읽어보드라도 그의 作임을 짐작하겠으며 鳳仙花歌는 貞一堂雜識이란

184

『문장』 2권 8호, 1940. 8.

고가사古歌詞 이편二篇[15]

가람

가사歌詞는 가사歌辭라는 말과는 달리 써 왔다. 즉 가사歌詞는 어부가漁夫歌, 처사가處士歌, 양양가襄陽歌, 수산양가首陽山歌, 매화타령梅花打令, 죽지사竹枝詞, 권주가勸酒歌, 길ㅅ군악軍樂, 춘면곡春眠曲, 상사별곡相思別曲, 백구사白鷗詞, 황계사黃鷄詞인 십이가사十二歌詞와 같은 장가체長歌體에 쓰인 말이고 가사歌辭는 송강가사松江歌辭, 고산가사孤山歌辭와 같은 장가長歌, 단가短歌 등을 모아 놓은 책冊 이름으로 쓰인 것이다. 그런즉 십이가사十二歌詞처럼 된 장편長篇의 노래는 물론, 가사歌詞라고 이름할 수 있다.

옛날 전하는 가사歌詞 가운대 규원가閨怨歌(일명 원부사一名怨夫詞)와 봉선화가鳳仙花歌가 있는바 규원가閨怨歌는 이조중엽의 놀라운 여류시인女流詩人 허난설헌許蘭雪軒의 작이라고 고금가곡古今歌曲이란 책에 적혔으려니와 규원閨怨 그것이 그의 시집詩集 오언고시五言古詩의 「소년행少年行」의 내용內容과 대동大同함과 그의 전기傳記 등과를 읽어보드라도 그의 작임을

15 「古歌詞二篇」, 『문장』 2권 8호, 1940. 8.

짐작하겠으며 봉선화가鳳仙花歌는 정일당잡지貞一堂雜識이란 데 적혔을 뿐으로 이렇다는 명문明文이 없기는 하나 그 노래의 내용을 보면 역시 그의 시집詩集의 봉선화가鳳仙花歌나 기타 선요仙謠, 선사仙詞, 광한전자옥루상량문廣寒殿自玉樓上樑文 등의 어느 구절과도 같고 또는 이 노래가 그의 시상詩想, 시경詩境과 같다. 나는 이 노래도 그의 작인가 한다. 향염香艶, 표일飄逸한 것이 그가 아니고는 될 수 없을 것 같다. 이에 그 약간 어려운 어구를 주해註解하여 독자 여러분과 함께 이를 감상코저 한다.

규원가閨怨歌—고금가곡古今歌曲

엇그제 점엇더니
하마 어이 다늙거니

소년행락少年行樂 생각하니
일러도 속절 없다

늙거야 설운 말슴
하자니 목이 멘다

부생모육父生母育 신고辛苦하여
이내 몸 길러낼 제

공후배필公侯配匹 못 바라도

군자호구君子好逑 원하더니

삼생三生의 원업怨業이오
월하月下의 연분緣分으로

장안유협長安遊俠 경박자輕薄子를
꿈같이 만나 있어

상시常時의 용심用心하기
살얼음 디듸는 듯

삼오三五 이팔二八 겨우 지나
천연려질天然麗質 절로이니

이얼굴 이태도로
백년기약百年期約 하엿더니

년광年光이 훌훌倏忽하고
조물造物이 다 시猜하여

봄바람 가을믈이
뵈오리 북 지나듯

설빈화안雪鬢花顔 어대 가고

면목面目 가증可憎 되거고나

내 얼굴 내보거니
어늬 님이 날 괼소냐

스스로 참괴慚愧하니
누구를 원망怨望하리

삼삼三三 오오五五 야유원冶遊園의
새 사람이 나단 말가

곳(꽃)피고 날 저물 제
정처定處없이 나가있어

백마금편白馬金鞭으로
어대어대 머므는고

원근遠近을 모르거니
소식消息이야 더욱 알랴

인연因緣을 긋처신들
생각이야 없을소냐

얼굴을 못보거든

그립기나 마로려믄

열두 때 김도 길사
설흔 날 지리支離하다

옥창玉窓의 심근 매화梅花
몇 번이나 피여진고

겨을밤 차고 찬 제
자최ㅅ눈 섯거치고

여름날 길고 길 제
궂은비는 므슴 일고

삼춘화류三春花柳 호시절好時節의
경물景物이 시름없다

가을달 방에 들고
실솔蟋蟀이 상床에 울 제

긴 한숨 지는 눈물
속절없이 헴만 많다

아마도 모진 목숨

죽기도 어려울사

도로혀 플쳐 헤니
이리하여 어이하리

청등靑燈을 돌라놓고
록기금綠綺琴 빗기 안아

벽련화碧蓮花 한 곡조를
시름 좇아 꺾어타니

소상瀟湘 야우夜雨의
대ㅅ소래 섯도는 듯

화표천년華表千年의
별학別鶴이 우니는 듯

옥수玉手의 타는 수단手段
옛 소래 있다마는

부용장芙蓉帳 적막寂寞하니
뉘 귀에 들릴소니

간장肝腸이 구곡九曲하여

구븨구븨 끈쳐서라

찰하리 잠을 들어
꿈의나 보려하니

바람의 지는 잎과
플 속의 우는 즘생

므슴 일 원수로서
잠조차 깨오는다

천상天上의 견우직녀牽牛織女
은하수銀河水 막혀셔도

칠월칠석七月七夕 일년일도一年一度
실기失期치 아니커든

우리 님 가신 후는
므슴 약수弱水 가렷관듸

오거나 가거나
소식消息 조차 끄쳣는고

란간欄干의 비겨 서서

님 가신데 바라보니

초로草露는 맺혀있고
모운暮雲이 지나갈 제

죽림竹林 프른 곳에
새 소래 더욱 섧다

세상의 설운 사람
수 없다 하려니와

박명薄命한 홍안紅顔이야
날 같은 이 또 있을가

아마도 이님의 지위로
살동말동하여라

주해註解

1. 삼세전생三世轉生의 뜻.
2. 월하노인月下老人의 인연, 즉 천생연분.
3. 기생妓生집에 가서 노는 것.
4. 중국고대中國古代 한漢나라 때 사마상여司馬相如란 이가 쓰든 거문고, 즉 록기금綠綺琴으로 봉구봉곡鳳求鳳曲을 타, 그때 탁왕손卓王孫의 딸 탁문군卓文君이 새로 과부寡婦가 되어 있는 것 걸 꾀어 내였다 함.
5. 중국 호남성中國湖南省에 있는 강江. 옛날 순舜님금의 후비后妃−아황여영娥皇女英의

사당祠堂이었다는 곳.

6. 화표華表는 묘상墓上에 세우는 망주석望柱石인데 옛날 요동遼東에 정영위丁令威란 이가 靈處山에게 가서 도道를 배워 학鶴이 되어 천년千年만에 돌아와 화표주華表柱에 앉었다 한다.
7. 부용芙蓉, 련꽃을 수놓은 휘장.
8. 때문, 탓

봉선화가鳳仙花歌—정일당잡지貞一堂雜職

향규香閨의 일이 없어
백화보百花譜를 혀쳐보니

봉선화鳳仙花 이 일홈을
뉘라서 지어낸고

진유眞游[1]의 옥소玉簫 소래
자연紫煙으로 행한 후에

규중閨中의 남은 인연
일지화一枝花에 머므르니

유약柔弱한 푸른 잎은
봉의 꼬리 넘 노는 듯

자약히 붉은 꽃은
자하군紫霞裙[2]을 헤쳣는 듯

백옥白玉[3]섬 좋은 흙에
종종이 심어내니

춘삼월春三月이 지난 후에
향긔香氣 없다 웃지 마소

취한 나븨 미친 벌이
따라올가 저허하네

정정貞靜한 저 긔상氣像을
여자 밖에 뉘 벗할고

옥란간玉欄干 긴긴 날에
보아도 다 못 보아

사창紗窓을 반개半開 하고
차환丫鬟[4]을 불러 내여

다 핀 꽃을 캐여다가
수상자繡箱子에 담아 놓고

여공女工을 그친 후의
중당中堂에 밤이 깊고

납촉蠟燭이 밝앗을 제
나옴 나옴 고초앉아

흰 구슬을 갈아마아
빙옥氷玉같은 손가온대

난만이 개여 내어
파사국波斯國[5] 저 제후諸侯의
홍산호紅珊瑚를 혀쳣는 듯

심궁深宮 풍류風流절고의
홍수궁紅守宮[6]을 마아는 듯

섬섬纖纖한 십지상十指上의
수실로 감아내니

조희 우희 붉은 믈이
미미히 숨의는 양

가인佳人의 얄은 뺨의
홍로紅露를 끼쳐는 듯

단단이 봉한 모양
춘라옥자春羅玉字[7] 일봉서一封書를
왕모王母의게 부쳐는 듯

춘면春眠을 느초 깨여
차례로 풀어 놓고

옥경대玉鏡臺를 대하여서
팔자미八字尾를 그리랴니

난 대없는 붉은 꽃이
가지에 붙엇는 듯

손으로 우희랴니
분분이 흩어지고

입으로 불랴하니
섞인 안개 가리왓다

여반女伴을 서로 불러
랑랑朗朗이 자랑하고

꽃 앞의 나아가서
두 빛을 비교比較하니

쪽잎의 푸른 믈이
쪽의여서 푸르단 말
이아니 오를손가

은근이 풀을 매고
돌아와 누엇더니

록의홍상綠衣紅裳 일 여자一女子가
표연飄然이 앞의 와서

웃는 듯 찡기는 듯
사례謝禮는 듯 하직下直는 듯

몽롱朦朧히 잠을 깨여
정령丁寧이 생각하니

아마도 꽃귀신이
내게와 하직下直한다

수호繡戶를 급히 열고
꽃수풀을 정검하니

따우의 붉은 꽃이
가득히 수 놓앗다

암암이 슬허하고
낱낱이 주어 담아

꽃다려 말 부치되
그대는 한치 마소

시세時歲 년년年年의
꽃빛은 의구依舊하니

허물며 그대 자최
내손에 머므럿지

동원東園의 도리화桃李花는
편시춘片時春을 자랑 마소

이십 번二十番 꽃바람의
적막寂寞히 떠러진들
뉘라서 슬허할고

규중閨中의 남은 인연
그대 한 몸 뿐이로세

봉선화鳳仙花 이 일홈을
뉘라서 지어낸고

일로하여 지어서라

주해註解

1. 진유眞游는 신선神仙의 놀음, 즉 중국고대中國古代, 진무공秦繆公 때 소사簫史라는 이가 옥소玉簫를 잘 불어 무공繆公의 딸 농옥弄玉으로 안해를 삼고 농옥弄玉을 가르처 봉황鳳凰을 이르게 하고 일조一朝에 그 부부夫婦가 봉황鳳凰을 따러 가버렸다 함.
2. 자하군紫霞裙이라는 비단으로 맨든 치마.
3. 백옥계白玉階
4. 丫의 원음原音은 「아」이나 속음俗音으로는 「차」로 이르며 차환은 비녀婢女를 이름.
5. 파사국波斯國은 아세아亞細亞의 한 왕국王國. 제후諸侯는 봉건시대封建時代의 국군國君인 바 파사국波斯國에서는 홍산호紅珊瑚를 보배를 삼고 갖기를 숭상함.
6. 수궁守宮은 동아 배암인 바 이걸 주사朱砂 가루를 먹여 길러 빩안해지면 홍수궁紅守宮이라 함. 피를 앵혈로 사용使用한다 함.
7. 춘라春羅는 즉 사직물絲織物이오, 옥자玉字는 옥玉으로 맨든 자字인 바 선인仙人의 것을 이름, 일봉서一封書는 한 봉한 편지, 난설헌蘭雪軒의 광한전백옥루상량문廣寒殿白玉樓上樑文에는 '춘라옥자요왕모春羅玉字邀王母, 학어최귀일기저鶴馭催歸日己低'라 하였음. 왕모王母는 신선神仙의 서왕모西王母.

윤씨행장尹氏行狀

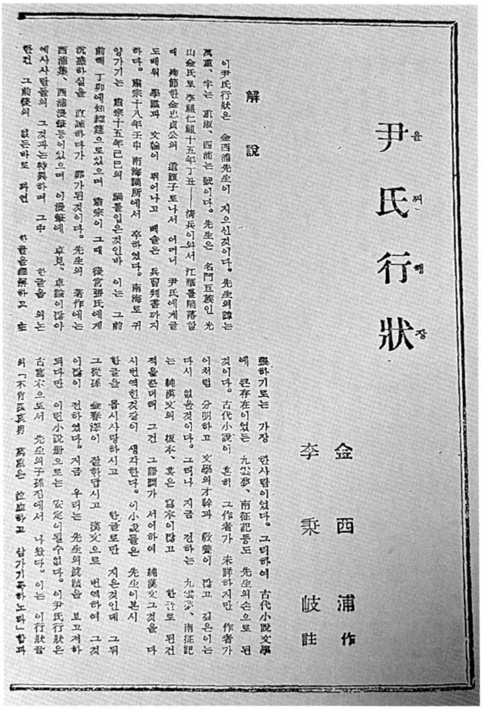

尹(윤)氏(씨)行(행)狀(장)

金西浦 作
李秉岐 註

解說

이尹氏行狀은 金西浦先生이 지으신것이다。先生의諱는 萬重、字는 重叔、西浦는 號이다。先生은 名門巨族인 光山金氏로 李朝仁祖十五年丁丑——淸兵이와서 江華를陷落할때 殉節한金忠貞公의 遺腹子로나서 어머니 尹氏에게글도배워 學識과 文章이 뛰어나고 베슬은 兵曹判書까지하다。肅宗十八年壬申 南海謫所에서 卒하였다。南海로 귀양가기는 肅宗十五年己巳의 禍를입은것인바 이는 그前前해 丁卯에知經筵으로있으며 肅宗이 그때 後宮張氏에게 沉惑하심을 直諫하다가 罪가된것이다。先生의 著作에는 西浦集、西浦漫筆등이있으며 이漫筆에 卓見、卓論이많아 예사사람들의 그것과는特異하며 그中 한글을 의논한건 그前後의 없든바로 파연 한글을理解하고 主張하기로는 가장 한사람이었다。그리하여 古代小說文學에 큰存在이었든 九雲夢、南征記등도 先生의손으로 된것이다。古代小說이 흔히 그作者가 未詳하지만 作者가 이처럼 分明하고 文學의才幹과 敎養이 많고 깊은이는 다시 없은것이다。그러나 지금 전하는 九雲夢、南征記는 純漢文의 板本、혹은 寫本이많고 한글로 된건 적을뿐더러 그건 그語調가 서어하여 純漢文그것을 다시번역한것같이 생각한다。이小說들은 先生이본시 한글을 몹시사랑하시고 한글로만 지은것인데 그뒤 그從孫 金春澤이 잘한답시고 漢文으로 번역하여 그것이많이 전하였다。지금 우리는 先生의眞蹟을 보고저하되다만 이런小說冊으로는 安定이될수없다。이尹氏行狀은 古寫本으로서 先生의子孫집에서 나왔다。이는 이行狀끝의「不肖孤兒男 萬重은 泣血하고 삼가기록하노라」함과

『대동아』 제14권 제3호, 1942. 3. 1.

윤씨행장尹氏行狀[16]

김金 서포西浦 작作, 이병기李秉岐 주註

해설解說

이 윤씨행장尹氏行狀은 김 서포金西浦 선생이 지으신 것이다. 선생의 위諱는 만중萬重, 자字는 중숙重淑, 서포西浦는 호號이다. 선생은 명문거족인 광산 김씨로 이조李祖 인조 15년 정축丁丑 - 청병淸兵이 와서 강화江華를 함락할 때 순절한 김충정공金忠貞公의 유복자로 나서 어머니 윤尹씨에게 글도 배워 학식과 문한文翰이 뛰어나고 벼슬은 병조판서까지 하다. 숙종 18년 임신壬申 남해적소南海謫所에서 졸卒하였다. 남해로 귀양 가기는 숙종 15년 기사己巳의 화를 입은 것인 바 이는 그 전전해 정묘丁卯에 지경연知經筵으로 있으며 숙종이 그때 후궁 장張씨에게 침혹沈惑하심을 직간直諫하다가 죄가 된 것이다.

선생의 저작에는 서포집西浦集, 서포만필西浦漫筆 등이 있으며 이 만필漫筆에 탁견, 탁론이 많아 예사 사람들의 그것과는 특이하며 그 중 한글을 의논한 건 그 전후의 없든 바로 과연 한글을 이해하고 주장하기로는 가

16 「尹氏行狀」, 『대동아』 제14권 제3호, 1942. 3. 1.

장 한 사람이었다. 그리하여 고대 소설문학에 큰 존재이었든 구운몽九雲夢, 남정기南征記 등도 선생의 손으로 된 것이다. 고대소설이 흔히 그 작자가 미상하지만 작자가 이처럼 분명하고 문학의 재간과 교양이 많고 깊은 이는 다시 없을 것이다.

그러나 지금 전하는 구운몽九雲夢, 남정기南征記는 순한문의 판본, 혹은 사본이 많고 한글로 된 건 적을뿐더러 그건 그 어조가 서어하여 순한문 그것을 다시 번역한 것 같이 생각한다. 이 소설들은 선생이 본시 한글을 몹시 사랑하시고 한글로만 지은 것인데 그 뒤 그 종손 김춘택金春澤이 잘한답시고 한문으로 번역하여 그것이 많이 전하였다. 지금 우리는 선생의 진적眞蹟을 보고저 하되 다만 이런 소설책으로는 안정이 될 수 없다.

이 윤씨행장尹氏行狀은 고사본古寫本으로서 선생의 자손 집에서 나왔다. 이는 이 행장行狀 끝의 「불초고애남不肖孤哀男 만중萬重은 읍혈泣血하고 삼가 기록하노라」함과 같이 선생이 지은 건 더 말할 것 없다. 선생은 천성이 순효純孝 하여 그 편친偏親인 어머니를 놀라이 섬기시다가 모두 화를 입어 멀리 귀양을 가 임종도 못하고 천극栫棘 속에서 피눈물로서 이 글을 적은 것이다. 이 글에서 그 어머니의 언행만은 생동활약生動活躍하고 있다. 그 일행일언一行一言이 얼마나 우리에게 자극, 명감, 반성을 주고 있을가는 이를 곧 읽어 보면 알 것이다.

-가람

태부인太夫人(註1 어머니라는 말)의 성姓은 윤씨尹氏오 본本은 선산해평善山海平이니 고조高祖(註2 할아버지의 할아버지)의 휘諱는 두수斗壽니 녕의정領議政 해원부원군海原府院君을 봉하고 시호謚號는 문정공文貞公이오 증조曾祖의 휘는 방昉이니 녕의정까지 하시고 시호는 문익공文翼公이니 다

공덕功德이 잇여 어진 정승이라 일캇고 조祖의 휘는 신지新之니 선조대왕宣祖大王 부매駙馬(註3 부마도위駙馬都尉의 약칭인 바 임금의 사위를 이름) 되여 해숭위海嵩尉를 봉하고 글 잘하기로 세상의 유명하고 시호는 문목공文穆公이오 부父의 휘는 지墀니 인조조仁祖朝 명신名臣이라 벼슬이 니조참판吏曹參判의 이르고 비妣 정부인貞夫人 남양홍시南陽洪氏는 경긔감사京畿監司 명원命元의 딸이니 참판공이 다른 자녀子女 없고 정혜공쥐貞惠翁主 다른 손재孫子 없고 오직 태부인 하나뿐인 고로 옹쥐 친히 기르셔 입으로 외와 소학小學을 가르치니 태부인이 총명聰明하고 숙성夙成하여 한 번 가르치매 입의 올리니 옹쥐 마양 그녀 잰 줄을 한하더라.

밋자라매 의복와 음식을 사치치 아니케 하야 갈오대 다른 날 가난한 선배의 안해되면 어찌 장 이갇이 하리오 하더니 밋 우리 선군先君끠 돌아오매 옹쥐 경계하야 갈오대 너희 부가夫家는 녜법禮法하는 집이라 혹 부도婦道 어긔워써 날을 붓그럽게 말라 하야 가르치기를 이같이 하는지라. 태부인이 나히 바야흐로 열네히로되 심히 기림(註1 칭찬)을 얻더라.

정축년丁丑年(註1 인조 15년 정축丁丑, 청병淸兵이 와 강화江華를 함락하였다) 난리亂離에 선군先君(註2 죽은 아버지 김익겸金益兼)이 강도江都(註3 강화江華를 이름)의서 사절死節(註4 강화江華 함락될 때 순사함)하시니 태부인이 바야흐로 잉태孕胎하야 홍부인洪夫人겨신대 잇더니 배를 얻어 화를 면하니 이때 선형先兄(註5 죽은 형, 즉 광성부원군光城府院君 김만기金萬基)은 바야흐로 다섯 살이오 블초不肖 만중은 뱃속을 떠나지 못하엿더라.

난亂이 정한 후에 두 아해를 다리고 돌아와 부모슬하父母膝下의 의지하야 안흐로는 홍부인을 도와 가사를 보살피고 밖으로는 참판공을 섬겨 능히 뜻을 받기를 녯 호자 같이하고 틈을 얻으면 서사書史를 보아써 스사로 심사를 위로하니 날로 다흠 너르더라.

이에 참판공이 아들 없음을 잊고 문목공이 일즉 탄하야 갈오대 마앙내 자녀로 더블어 말하매 마음이 믄득 싀훤하니 만일 사나희면 어찌 우리집 한 대제학大提學(註1 홍문관弘文舘. 예문관藝文舘 벼슬. 정일품正一品)이 아니리오 하더라.

우리 조고祖考 산지山地 회덕懷德 정민리에 잇고 선군을 계장繼葬(註1 先山에 장사함)하얐더니 그 후 지새地師(註2 뫼자리를 잡는 이. 지관地官. 풍수장이) 나모라는 이 많은지라. 참판공이 의심하야 태부인 다려 일러 갈오대 내 힘이 능히 개장改葬할진대 뜻에 경긔 근처에 천장遷葬하야 하야곰 고아孤兒와 과부의 절일節日의 쇄소灑掃하기를 편케 하고저 하니 네 뜻에 어떠하니 대하야 갈오대 풍수風水(註3 바람과 물의 방향을 보는 것, 즉 땅을 잡는 것)하는 사람의 말을 가히 믿지 못할 것이오 선산先山의 영장永葬함이 신리神理의 편안한 배오. 또 호중湖中(註4 충청남북도忠淸南北道를 이름. 호서湖西라도 함)의 부족夫族이 사는 이 많으니 아희들이 자라지 아닌 전의는 가히 보살필지라 천장함을 원치 아니하노라 하더라.

참판공이 세상을 바리매 홍부인이 병들어 능히 집안일을 살피지 못하고 또 자제 없는지라 태부인이 홀로 두어 종을 다리고 상구喪具를 장만하되 의금衣衾과 제전祭典이 풍성하고 조찰하야 예禮에 맞지 아님이 없으니 보는 재 긔이히 너기고 밋 홍부인 상사의 또한 이같이 하더라.

일로부터 집안이 더옥 가난하야 몸소 다해 짜고 수놓아 조석을 이우되 상해(註1 항상) 태연하야 일즉 근심하는 빛이 없고 또한 블초 형제로 하야곰 알게 아니하니 대개 일즉이 가사에 골몰하야 서적공부의 방해로올가 념려함이러라. 블초 형제 아희ㅅ적의 밧 스승이 없으니 소학小學 사략史略, 당시唐詩같은 뉴類는 태부인이 다 손조 가르치시니 비록 사랑하시기를 과히 하나 그 글 권하시기는 심히 엄히 하야 상해 이르되 너희 무리

다른 사람에 비길 배 아니라 반드시 재죄 남의서 한충이 지나야 겨유 참예하느니 사람이 행실 없은 자를 꾸짖으매 반드시 갈오대 과부의 자식 같다 하는지라. 이 말을 너희 맛당이 뼈에 사기라 하시고 블초 형제 허물이 잇이매 반드시 몸소 달초하여 울며 갈아사대 네 부친이 네 형제로써 날의게 의탁하고 죽엇이니 네 이제 이러틋 한지라. 내 무슨 면목面目으로 지하의 가 네 부친을 보오리오. 글 못하고 살므로는 찰히 죽느니만 못한지라 하니 그 말의 통절함이 이러틋 하더라. 선형의 글 잘하기는 비록 천성이나 그 재죄 숙성함은 또한 태부인의 힘이 많고 만일 만중의 흐리고 어두어 스스로 바림은 가르치기를 극진이 아니기 아닐러라. 때에 난리 지난 지 오라지 않는지라 서적을 얻기 어려우니 맹자孟子 중용中庸같은 뉴를 태부인이 다 곡식을 주고 사고 파시전葩氏傳(註1 시전詩傳, 또 파경葩經이라고도 함) 팔니 잇이되 권쉬卷數 많은지라 권수 많음을 보고 값을 뭇지 못하니 태부인이 즉시 뵈틀 가온대 명지를 끊어 값을 주니 이 밖은 옷할 남은 것이 없더라. 이웃사람 옥당서리玉堂書吏(옥당玉堂은 홍문관弘文館의 별칭이오 서리書吏는 옥당玉堂의 하급관리)를 인연하야 홍문당弘文堂의 잇는 사서四書(註2 논어, 맹자, 중용, 대학)와 시경언해詩經諺解를 빌어내여 손소 벗기시되 자획이 정세하야 구슬 뀐 듯 하야 한 곳도 구차함이 없더라.

참판공이 늦게야 첩 아들 하나히 잇고 죽으신 후에 조카로써 계후繼后(註1 뒤를 이는 것)하니 태부인이 사랑하고 가르침을 다 블초 형제같이 하고 두 아이 또한 어미같이 하야 섬겨 늙기에 이르도록 사잇말(註2 언짢은 말)이 없고 한가지로 분재分財할 제 스스로 전답田畓의 천박淺薄한 것과 노비奴婢 늙고 가난한 자를 취하야 갈오대 내 구타야 청렴한 일홈을 취함이 아니라 이 나의 하고저 하는 배라 하더라.

얼아이(註1 서자庶子, 자얼자子薛子) 죽거늘 그 자식을 다려다가 모든 손자로 더블어 학(註2 공부)을 한가지로 하게하니 이때 태부인의 나히 이믜 늙어겨시되 손자 아해들 글 배호는 재 오히려 두어 사람이라 대개 아해 가르치기를 수고로 아니 너기고 조히 너기시더라.

성품이 서적書籍을 즐겨 늙도록 폐치 아니하시고 더옥 녁대치란歷代治亂과 명신언행名臣言行 보기를 좋와하시고 잇다감 자손다려 이르사대 편지를 글짓기를 뉴의留意하지 아니시고, 부녀 가르치기는 의복 음식에 넘지 아니하고 제사 때면 공경과 정성을 극진이 하야 이믜 가사를 전한 후에도 오히려 몸소 그릇을 씻으며 제물을 맨들아 병이 아니 들면 남하야 아니시기시고 과거寡居(註1 과부로 사는 것)하신 후는 종신토록 소복素服을 하고 저기 조찰하야 아름다온 옷은 몸의 갓가이 아니하고 잔채에 참예치 아니하고 풍류소래를 듯지 아니하야 선형이 이믜 귀한 후의 일즉 수연壽宴하기를 청하되 태부인이 허치 아니하고 오직 자손이 과거科擧하매 잔채 배설排設하기를 허하야 갈오대 이는 문호門戶의 경사오 한 사람의 스스로이 깃븜이 아니라 하더라. 게사년癸巳年의 선형이 급제及第하야 비로소 녹으로 공양供養함을 얻고 만중이 또한 을사년乙巳年의 과거하고 정미년丁未年의 선형이 일품직一品職을 하니 태부인이 정부인貞夫人을 봉하고 갑인년甲寅年의 인경왕후仁敬王后(註2 숙종왕비 인경왕후仁敬王后 김씨金氏는 김만기金萬基의 맞따님인데 현종 12년 신해辛亥에 세자빈 책봉이 되고 15년 갑인甲寅에 왕비로 봉하다) 위를 정하시니 선형이 부원군府院君을 봉하시니 태부인이 또 정경부인貞卿夫人에 오르다.

휘后 아희ㅅ제 태부인이 기르신지라 어려서부터 정대正大한 일로 가르치니 휘, 나히 열하나히 빠이이되 주선하며 웅대함을 성인成人같이 하시니 궁중사람이 열복지 아닐 이 없더라. 태부인이 잇다감 들어가 뵈매 반드시 경계하는 말을 나와 예적 어진 후비의 일을 일캇고 한 터럭 끝도 사사정에 밋지 아니하더라.

인선仁宣(註1 효종대왕비 인의왕후仁宣王后 장張씨) 명성明聖(註2 숙종의 어머니, 현종대왕비 명성왕후明聖王后 김金씨) 냥성뫼兩聖母 태부인을 본대 중히 너기시더니 경신년庚申年(註3 숙종肅宗 6년 경신庚申)의 인경왕후 승하昇遐하시니 평일平日 쓰시던 바 의복과 긔관을 왕자王子와 공주公主를 주실 이 없으니 명성태뫼明聖太母 궁인다려 일러 갈아사대 내 차마 이것들을 보지 못하니 이제 다 본졔(註4 본집, 즉 인경왕후仁敬王后 친정ㅅ집)을 주고저 하니 그 뜻을 이르라 하시니 태부인이 대하야 갈오대 대행大行(註5 제왕과 후비后妃가 붕어한 뒤 아직 익호謚號를 올리지 못한 동안의 칭호)이 비록 블행不幸하야 자손이 없으나 다른 날 국개종사國家宗社의 경새慶事잇이면, 이 또한 대행의 자손이니 머물어 두어 기다림이 또한 가하니 천상天上의 보배를 어찌 인간에 머믈어 두리잇가. 궁인이 이 말을 살오니 자성慈聖이 크게 칭찬하야 갈오사대 내, 이 일 잘 처치할 줄 알앗더니라 하시고 상上이 듯고 또한 갈아사대 이는 사군자의 행실이라 하시더라.

정묘년丁卯年 봄에 선형이 길이 태부인太夫人 슬하膝下를 떠나니 태부인이 나히 칠십이 남은지라. 자손이 차마 최복衰服(註1 굵은 생삼베로 지은 상복)을 더으지 못한대 태부인이 물으사대 어이하야 어이하야 제복制服(註2 상례喪禮의 의복)을 짓지 아니는가. 대하야 갈오대 국속에 부녀는 오직 삼년상에 최복을 가초고 긔년복朞年服 이하以下는 오직 포대布帶로 성복을 하니 이를 긔복이니이다. 태부인이 갈오대 장자의 복이 어찌 예사 긔년 복과 같으리오 하고 드드여 녜 같이 성복成服(註3 상인喪人 복인服人들이 상례喪禮의 의복을 입는 것)하다. 만중이 태부인이 상측喪側에 잇여 조석朝夕으로 곡읍哭泣하시매 병이 날가 두려 내 집으로 뫼옵고저 하니 태부인이 울며 갈오대 내 비록 늙고 병들어 제祭에 참예치 못하나 마양 조석곡성朝夕哭聲을 들으면 대제에 참예하는 이 같고 모든 어희들 얼굴을 보면 제 부친 본 듯하니 만일 네 집에 가면 저희들히 어찌 능히 자조와 보리오. 여러 번 청하시되 듯지 아니하시이 녜에 돈독하심이 이같으시더라.

이 해(註1 숙종 13년 정묘丁卯 9월, 지경연知經筵으로서 후궁 장張씨가 용사用事한다는 말을 알외고 금부禁府에 가쳤다가 귀양을 갔다) 가을에 만중이 서새西塞(註2 귀양 가는 것)에 귀향 가니 태부인이 성 밖에 보내여 갈오대 녕해嶺南(註3 서도西道의 극변極邊, 즉 선천宣川을 이름)에 행함은 예, 착한 사람도 오히려 면치 못하니 행하야 몸을 스스로 사랑하고 나를 생각지 말라하시더니 이듬해에 나라해 큰 경새(註4 숙종 14년 무진戊辰 10월에 왕자(경종景宗)이 탄생) 잇여 놓이여 돌아완지 두어 달이 못하야서 긔사년홰己巳年禍(註5 숙종 15년 기사己巳 정월에 왕자 명호名號를 정하였는데 송시열宋時烈 상소로 일이 크게 되어 다시 귀양을 갔다)나니 다시 옥의 나아갓더니 이윽고 감사하야 남해南海에 안치安置(註6 귀양간 이를 다시 감금함)하고 손남孫男 세 사람이 이어 절도絶島에 귀향가니 태부인이 본대 담천병痰喘病이 게시더니 선형 상사나므로 좇아 년하야 우척憂慽을 맞나 숙증宿症이 더 중하야 이해 겨울에 이르러 병이 이믜 할 일 없이 되 오히려 손증孫曾을 경게하야 갈오사대 가난으로써 스스로 줄어지지 마룬 쓸대없다 하고 학업學業을 폐하지 말라하시고 찬물饌物이 잠깐 진이珍異한 것 곳 잇이면 믄득 깃거아냐 갈오사대 내 집 음식이 본대 이러하지 아니터니라 하시고 속광년수屬纊年數(註7 돌아가시게 된 연기年紀)일에 부즈런하시며 검박儉朴하므로써 자손을 경게하고 이 밖은 오직 한 아들과 세 손재 장양長養에 잇이므로써 근심을 삼고 다른 것은 게렴하시는 배

없더라.

오회라 슬도프다 처엄의 태부인이 나히 늙으시므로 원행遠行(註1 수의壽衣, 즉 죽은 이를 입히는 옷, 원앙이라도 함) 의복을 장만하시니 태부인이 아르시고 갈아사대 정축년丁丑年(註2 인조仁祖 15년 정축丁丑)에 그 남편 김익겸金益兼의 절사節死 상사喪事의 재물이 없어 능히 극진이 찰히지 못하얏느니 어찌 내게 더하리오. 선형이 전후 가새前後家事 같지 아니하므로 대답하시니 태부인이 갈아사대 내 어찌 이를 모르리오마는 한 혈穴의 영장하며 후박厚薄이 다르니 내 마음이 어찌 편안하리오. 일로써 상사喪事ㅅ제 빛난 비단을 쓰지 아니하심은 유의遺意를 지키심이러라.

태부인이 만력 정사구월萬曆丁巳九月 스므닷샛 날 나서 긔사己巳(註1 숙종肅宗 15년 기사己巳 2월은 김만중金萬重이 벌써 그 화로 인하야 극변極邊에 안치安置된 때) 이월 이십이일 죽으시니 향년享年이 칠십삼七十三이러라. 손남 진화鎭華, 증손 춘택春澤 등이 녕구靈柩를 받들어 선부군先府君긔 합장合葬하니 장일은 경오년庚午年 이월 이십이일이러라.

태부인이 성품이 인자하고 용서하는 일 많아 자손을 가르치시며 비복婢僕을 부리매 매양 은애 과도하시되 단방端方하고 준절하야 교연翹然이 녈장부烈丈夫의 풍이 잇고 선형(註1 경기도京畿道의 군수)이 경긔원京畿員을 하야 읍력邑力이 잔박하야 공양供養을 풍성이 못하므로 근심을 삼으니 태부인이 갈아사대 행혀 나라 은혜를 입어 방이 덥고 배부르니 이를 오히려 부족히 너기면 어찌하야야 족하리오. 네 능히 직사職事에 진심하면 공양이 이에서 큰이 없느니라 하시고 손남 진귀鎭龜 감사監司를 하매 영하원營下員이 태부인의 생일로써 전례前例를 의지하야 폐백幣帛을 보내니 그 사람은 마이(註2 매우, 몹시) 친한 사람이라 사람마다 사양할 의義 없다 하되 종시 받지 아니하시더라. 세속世俗이 교사巧詐하야 아전衙前 역관譯官

시정배市井輩들이 전혀 청촉을 일삼으니 벼슬하는 자의 족속 부녀는 더옥 재물을 쓰는 종요로온 길이로되 블초 형제 벼슬하야으므로 소지所志(註3 소장訴狀, 하소연하는 글ㅅ발)가 태부인 앏을 이르지 아니하니 일로 좇아 그 밧일을 가히 알리더라. 만일 그 액궁厄窮에 잇여도 설워 아니시고 존영尊榮을 발아도(註4 밟아도, 실행) 교만치 아니하야 긔화奇禍를 맞나 사람의 견대지 못 할 배로되 의명矣命(註5 자기의 천명)에 편안하야 요동치 아니하고 저상沮傷치 아니함은 천품이 사람의게 지날 뿐 아니라 그 너비 보고 옛 일을 아는 힘이러라. 일로써 친척향당親戚鄕黨이 다보기를 엄한 스승같이 하야써 법을 삼으니 그 발언처사發言處事홈이 다 의리에 맞아 능히 음화陰化(註6 왕후의 음덕)를 도아 나라희서 기림을 이음은 또한 그대近代 규합閨閤의 드믄 배라 예例 이른배 녀숡의 선배행실 가진 이는 그 태부인을 이름인저 전傳의 갈오대 적선積善한 집의는 반드시 남은 경새 잇다하고 서書의 갈오대 가득한 것이 손損하는 것을 부르고 겸손한 것이 유익한 것을 받는다 하니 우리 태부인 같은 이는 그 어진 일을 싸호며 유익한 것을 받는 도리에 맛당히 합지 아닐 배 없을 것이로대 정축년丁丑年 붕성지통崩城之痛(註7 남편 죽은 것)으로부터 간고를 다 겪고 갑인甲寅에 이르러는 가히 극히 영화롭지 아님이 아닐 것이로대 그 근심이 도로혀 궁약窮弱할 때에서 더 심하고 오래지 아니하야 선휘상빈先后上賓하시며 우리 백시伯氏의 순효純孝하므로써 능히 공양함을 맞지 못하고 두어 해 사이 시절일이 크게 변하야 자손이 분리分離하야 세상의 슬허하는배 되니 이 선민善民의 보시普施(註8 널리 은혜를 베푸는 것)하는 하늘의 능히 의심이 없지 못한 배니라. 비록 그러나 세상의 완복完福(註9 온전한 복력)누려 종신토록 일락부후逸樂富厚하고 죽는 날의 사람이 일캇지 아니함은 또한 태부인에 붓 그리는 배러라.

태부인이 아들들흘 기르시니 맞은 곳 선형 만긔萬基니 녕돈녕부사 광성부원군領敦寧府事光城府院君을 봉하고 일즉 병조판서兵曹判書를 지내고 대제학大提學을 겸하니 선형先兄이 높고 현달顯達한 벼슬을 하되 태부인이 일즉 깃거하는 빛이 없더니 및 문형文衡(註1 대제학大提學의 별칭)을 가옴알매 이에 탄하야 갈오대 내 한 부인으로 너희 형제를 가르쳐 매양 고루하야 아는 일이 없어 선인의 수욕羞辱이 될가 하더니 이제 거의 면하과라 하시더라. 그 아오 즉 블초 만중萬重이오 선형은 군수郡守 한유량韓有良의 딸을 취하야 네 아들과 세 딸을 나흐니 맞은 진귀鎭龜, 차次는 진규鎭圭이 다 급제及第하고 차는 진서鎭瑞요 진부鎭符니 미관微官하고 인경왕휘仁敬王后 자매항렬姊妹行列의 맞이되시고 버거는 정형진鄭亨晋의게 서방 맞고 버거는 니주신李舟臣의게 서방 맞다. 만중萬重은 판서判書 니은상李殷相의 딸을 취하야 아들 하나 딸 하나흘 나흐니 아들 진화鎭華는 진사進士하고 딸은 급제 니의게 서방 맞다. 진구鎭龜 아들은 춘택春澤, 보택普澤 운택雲澤이오 남으신 이는 어리다.

만중이 죄악을 저즐어 엄친嚴親의 면목面目을 보지 못하고 난리 때에 나서 기르신 은헤 예사 사람의서 백배하되 미혹迷惑하야 아는 일이 없어 얼굴빛을 순히 하기에 다 어그러침이 많고 분복 밖의 영화로이 벼슬함이 이믜 어버이를 깃김이(註1 깃봄) 아니오 미치고 미혹하야 화긔禍機를 발아써 태부인의 종신근심을 끼치니 블효한 죄악이 우흐로 하늘을 통하되 오히려 능히 목을 지르며 배를 그어 써 귀신을 사례치 못하고 장해(註2 장, 항상) 천극栫棘(註3 가시나무로 울을 한 것) 온대서 췌췌惴惴히 살기를 구하니 오회라 슬프다. 생각하니 호천昊天이 회복지 아니하고 남은 목숨이 장찻 잔하니 진실로 두리건대 우리 태부인의 아름다온 말슴과 어진 행실이 점점 어두어써 후세後世 자손의 법을 드리올 것이 없을가 하야 이에 감히 슬프기를 참고 언행言行한 벌을 손소 기록하야 난화두어 초해 벗겨 맞혀 조카를 주되 성품이 본대 어둡고 막혀 능히 뜻과 행실을 잘 아지 못하고 더어 정신이 소망疎茫하야 한 일을 생각하면 열일을 잊는지라. 블초의 죄상이 이에 이르러 더옥 크도다. 태부인이 일즉 근대近代 비명碑銘를 보시다가 녀자의 덕 일캇기를 너모 과히 함을 병도이 너겨 갈아사대 규문閨門안 일은 사람의 아지 못 할 배라. 붓잡은 재, 다만 그 집사람 이르는 대로 의지하야 하는 고로 그 말을 족히 믿지 못하니 그러치 아니한 이면 어찌 동방東邦의 어진 겨집이 많으뇨. 이 말슴이 오히려 낭낭하야 귀에 잇느니라. 이제 덕을 긔록하는 글에 감히 한 자를 꾸미지 못하야 너모 간략簡略하게 함은 대개 태부인의 평석平昔 뜻을 생각함이니라. 경오팔월庚午八月 일의 블초고애남不肖孤哀男 만중은 읍혈泣血하고 삼가 기록하노라.

-끝-

[부록] 19권 고전주해 Ⅲ 상세목록

1) 주해서

1	가루지기타령	1949	국제문화관	신재효 찬, 이병기 교주

2) 잡지 주해

1	拾穗錄 農家月令歌① 7, 8	농업조선 2권9호	1939.9.	
2	拾穗錄 農家月令歌② 9, 10	농업조선 2권10호	1939.10.	
3	拾穗錄 農家月令歌③ 11, 12	농업조선 2권11호	1939.11.	
4	拾穗錄 農家月令歌④ 1, 2	농업조선 2권12호	1939.12.	
5	拾穗錄 農家月令歌⑤ 3, 4	농업조선 3권1호	1940.1.	
6	拾穗錄 農家月令歌⑥ 5, 6	농업조선 3권2호	1940.2.	
7	拾穗錄 農夫歌 외	농업조선 3권3호	1940.3.	
8	拾穗錄 時調	농업조선 3권4호	1940.4.	
9	拾穗錄 山有花歌 외	농업조선 3권6호	1940.6.	
10	拾穗錄 田園四時歌	농업조선 3권7호	1940.7.	
11	拾穗錄 相杵歌	농업조선 3권8호	1940.8.	
12	拾穗錄 嘆牛歌	농업조선 3권9호	1940.9.	
13	拾穗錄 治産歌(上)	농업조선 3권10호	1940.10.	
14	拾穗錄 治産歌(下)	농업조선 3권11,12호	1940.11.	
15	歷代의 農政考 歷代農政考와 拾穗錄	농업조선 4권1호 반도사화와낙토만주	1941.1. 1943.1.	
16	古歌詞 二篇	문장 2권 8호	1940.10.	허난설헌의 가사 2편
17	尹氏行狀	대동아 14권3호	1942.3.	金西浦 作 李秉岐 註

가람 이병기 전집 ⑲

고전주해 Ⅲ

지은이 이병기
펴낸이 양오봉
펴낸곳 전북대학교출판문화원

초판 1쇄 인쇄 2024. 12. 16
초판 1쇄 발행 2024. 12. 25

전북대학교출판문화원 전북특별자치도 전주시 완산구 어진길 32 (풍남동2가)
전화 (063) 219-5319~5322
FAX (063) 219-5323
출판등록 2012년 8월 20일 제465-2012-000021호

값 22,000원

ISBN 979-11-6372-233-5 04810
ISBN 979-11-87892-59-5(세트) 04810

* 이 책은 2024년도 익산시와 전라북도의 지원에 의해 간행되었습니다.